Nos biscuits *préférés*

Sommaire

Introduction

Introduction

Les biscuits sont des petits passepartouts. Petits et si mignons, tantôt croustillants, tantôt fondants, tantôt légèrement vanillés et tantôt gorgés d'épices exotiques pour flatter le palais et les sens. Le secret de leur succès est leur quantité bien dosée. Un biscuit, ça se mange toujours : le matin en tant que stimulant idéal pour doper votre énergie au déjeuner, le soir en tant que friandise avant de se coucher et en cours de journée toujours quand une petite pause de répit s'impose ou comme facteur de motivation. Ces gourmandises sont si petites qu'elles n'empêchent pas de manger un bon petit repas, mais suffisantes pour que le souvenir des douceurs reste gravé dans nos mémoires.

Conservation des biscuits

Un autre avantage non négligeable des biscuits et gâteaux secs : ils peuvent être confectionnées à l'avance. Contrairement aux autres créations de gâteaux et pâtisseries, les biscuits possèdent l'étonnante propriété de rester longtemps frais et savoureux quand ils sont conservés correctement. À l'exception, bien sûr de ceux qui sont fourrés à la crème au beurre. Après leur cuisson et refroidissement, les biscuits peuvent être congelés dans des boîtes en plastique. En alternative, on les conserve dans des boîtes métalliques ou pots en céramique. Les biscuits tendres et souples restent frais plus longtemps lorsqu'ils sont conservés dans une boîte à fermeture hermétique, tandis que les pots en céramique se prêtent pour conserver les biscuits craquants car ils laissent passer un peu d'air qui permet de maintenir la croûte sèche. Si vos biscuits craquants sont devenus trop mous, repassez-les tout simplement au four à 150 °C, ils n'en seront que plus délicieux !

Les ustensiles nécessaires

Pour confectionner de délicieux gâteaux secs vous n'avez pas besoin d'équiper votre cuisine d'une gamme exhaustive d'ustensiles mais si vous aimez faire de la pâtisserie régulièrement, nous vous conseillons d'investir au-moins dans le matériel de cuisine suivant :

Instruments de mesure : plus chaque ingrédient sera pesé et mesuré avec précision et soin, plus vous serez assuré de réussir vos biscuits. Bien sûr les balances électroniques sont les plus précises.

Terrines : on n'a jamais trop de terrines dans toutes les dimensions quand on fait des biscuits. Il faut avoir au moins une terrine résistante à la chaleur afin de pouvoir l'utiliser dans le micro-ondes ou au bain-marie pour faire fondre le chocolat ou le beurre.

Fouet, robot ménager : Pour monter les blancs en neige et la crème en chantilly, utiliser de préférence le fouet, la pâte peut être également malaxée et pétrie. Le robot ménager ne se contente pas de hacher et broyer les noix, les amandes et les fruits mais il peut aussi pétrir, remuer et fouetter.

Pinceau à pâtisserie : les plus appropriés sont les pinceaux en silicone. Grâce à eux, vous pourrez lisser vos glaçages de façon hygiénique car ils ne perdent pas leurs poils.

Emporte-pièces : ce n'est pas ce qui manque comme motifs et ils sont adaptés à chaque saison et à chaque occasion. Vous obtiendrez les meilleurs résultats avec des formes à l'emporte-pièce de haute qualité en acier inoxydable, à défaut vous pouvez avoir recours à un verre aux bords fins.

Grille à pâtisserie : après la cuisson, les gâteaux secs ont besoin de place et de temps pour se refroidir. C'est pourquoi il est préférable d'avoir au-moins deux grilles à pâtisserie de prêtes pour que les gâteaux secs puissent se refroidir sans avoir à les empiler les uns sur les autres.

Rouleau à pâtisserie : on a toujours besoin d'un rouleau à pâtisserie quand il faut dérouler la pâte pour découper les biscuits à l'emporte-pièce ou la découper.

Poche à douille : les poches en tissu en forme de cornet équipées d'embouts variables sont aussi bien utilisées pour coucher la pâte sur la plaque que pour décorer avec de la crème. Grâce à leurs différents embouts, elles conviennent aux applications les plus diverses.

Épices typiques des biscuits

Œufs, farine, beurre, sel et sucre sont les ingrédients principaux dont on a besoin pour faire de la pâtisserie. Mais c'est précisément dans la confection de ces biscuits que viennent s'ajouter des arômes tels que la vanille, le safran ou l'anis étoilé. Nous vous présentons les plus importants :

L'amande amère : exclusivement utilisée en tant qu'agent aromatisant non-toxique exempte de toute combinaison toxique d'acide cyanhydrique. Les amandes amères même sont très toxiques, leur consommation peut entraîner la mort. Elles sont utilisées en tant qu'agent aromatisant dans la pâte d'amandes, la liqueur d'amande et les biscuits.

L'anis : saveur à la fois sucrée et épicée. Très apprécié dans les pâtisseries de Noël, dans des entremets au lait et à la semoule et dans la confiture de prunes.

L'anis étoilé : graines d'un arbre de la Chine méridionale avec un arôme anisé. Elles sont utilisées aussi bien dans les biscuits que dans les Chutneys et plats de viandes asiatiques.

Les arômes aux agrumes : disponibles soit en arôme liquide dans des petits flacons ou en zeste d'agrumes non traités et finement râpés. Le zeste de citron a un goût frais et fruité, sans amertume avec une note acidulée, l'arôme d'orange est épicé et sucré avec un goût acidulé.

La cannelle : elle relève les pâtisseries et douceurs à merveille mais elle est aussi très prisée dans la cuisine asiatique et chinoise. L'écorce du cannelier est proposée moulue ou en bâtons. La cannelle de Ceylan est reconnue comme la meilleure qualité au monde. La cannelle « cassia » plus avantageuse contient de la coumarine, substance potentiellement dangereuse pour la santé.

Les épices pour pain d'épices : mélange d'épices pour les pains d'épices et les biscuits. En principe, ils contiennent du piment, des clous de girofle, de la coriandre, du gingembre, de la fleur de macis, de la cannelle, de l'anis et des arômes aux agrumes.

Le gingembre : plante médicinale épicée et pimentée utilisée en cuisine comme condiment. Cette racine de l'Asie du Sud est d'ordinaire utilisée fraîche, mais c'est justement dans la pâtisserie qu'elle est utilisée en poudre ou confite.

La pâte d'amandes crue : masse d'amandes finement moulues et de sucre. La teneur en sucre et les ingrédients complémentaires varient en fonction du fabricant. Cette pâte s'intègre aussi bien dans la pâte des gâteaux que dans les crèmes, mais elle est aussi utilisée pour le modelage et masquage d'entremets et pour la décoration.

Le safran : filaments (stigmates) séchés entiers ou broyés du *crocus sativus*. Arôme doux-amer et sucré. Il est utilisé pour les biscuits, les gâteaux, dans les paëllas, les plats de poissons et pour agrémenter de nombreuses sauces.

Le sucre candi : cristaux de sucre de taille différente, blancs avec un goût sucré délicat ou roux avec un léger goût de caramel. Les granulés de sucre candi conviennent particulièrement à la pâtisserie. Les petits cristaux de sucre sont facilement solubles et se prêtent à de nombreuses utilisations. Dans la pâte ou saupoudrés, ils donnent un délicieux goût de caramel et une saveur douce aromatisée.

La vanille : l'arôme par excellence que l'on retrouve dans les pâtisseries et desserts. Les gousses noires renferment à l'intérieur des petites graines noires très riches en saveur qu'il faut racler pour les mélanger aux pâtes ou aux crèmes. Les gousses elles-mêmes peuvent être gardées dans un bocal de sucre fermé hermétiquement. Elles aromatiseront celui-ci au bout de quelques jours.

Les classiques et recettes préférées faciles

Printen d'Aix-la-Chapelle

Pour 50 petits gâteaux

275 g de sirop
20 g de sirop à 30°
550 g de miel
150 g de cassonade
1 kg de farine
1 c.s. d'épices pour Printen
1 c.c. d'anis moulu
15 g de bicarbonate de soude
45 g d'écorce d'orange confite en dés
45 g de citron confit
2 sachets de potasse
1 œuf
90 g de raisins secs
55 g de sucre candi haché
250 g de fécule de pommes de terre

Farine pour le plan de travail
Matière grasse pour la plaque

Temps de préparation : 45 minutes (Temps de repos et de cuisson en sus)

1 Mélanger le sirop, le sirop à 30° et 3 c.s. d'eau. Incorporer le miel et chauffer le mélange jusqu'à ce que le sucre soit dissous. Laisser refroidir.

2 Mélanger la farine avec les épices, le bicarbonate de soude, l'écorce d'orange confite et le citron confit, remuer avec la masse de sirop tiède.

3 Incorporer la potasse avec 1½ c.s. d'eau, ensuite mélanger l'œuf, les raisins secs et le sucre candi à la pâte et pétrir le tout à la main jusqu'à obtenir une pâte lisse. Couvrir la pâte et laisser reposer pendant 12 heures.

4 Préchauffer le four à 200 °C (chaleur tournante 180 °C). Pétrir encore une fois la pâte sur un plan de travail enfariné et l'étaler sur environ 1 cm d'épaisseur. Découper à l'emporte-pièce des formes et personnages au choix. Déposer les pains d'épices sur une plaque à pâtisserie graissée et faire cuire au four pendant environ 18 minutes.

5 Faire dorer la fécule de pommes de terre au four à 160 °C et laisser refroidir. Ensuite, la délayer dans un 1 l d'eau froide et porter à ébullition tout en remuant jusqu'à ce que la masse se détache du bord de la casserole. Badigeonner les pains d'épice avec cette préparation pour les faire bien briller.

Biscuits de Noël à l'amande

Pour 70 petits gâteaux

Pour la pâte
125 g de farine
1 jaune d'œuf
50 g de sucre en poudre
1 pincée de sel
100 g de beurre ramolli

Pour la garniture
500 g de pâte d'amandes crue
2 œufs
160 g de sucre glace
130 g d'amandes émondées, en poudre
55 g de farine
6 gouttes d'eau de rose

120 g d'amandes émondées, entières
Farine pour le plan de travail

Temps de préparation : 45 minutes
(Temps de réfrigération et de cuisson en sus)

1 Pétrir rapidement tous les ingrédients pour obtenir une pâte homogène et former une boule. Envelopper la boule de pâte dans un film alimentaire et laisser reposer 30 minutes au réfrigérateur.

2 Hacher grossièrement la pâte d'amandes, séparer les œufs et tamiser le sucre glace. Pétrir à la main la pâte d'amandes, le sucre glace, les amandes, la farine, les blancs d'œufs et l'eau de rose. Couvrir et mettre au frais pendant environ 1 heure.

3 Préchauffer le four à 150 °C (chaleur tournante 130 °C). Sur un plan de travail légèrement enfariné, étaler la pâte au rouleau sur environ 3 mm d'épaisseur, découper à l'emporte-pièce 70 petits gâteaux ronds et les déposer sur des plaques à pâtisserie chemisées de papier sulfurisé.

4 Façonner 70 petites boules avec la préparation à la pâte d'amandes. Partager les amandes en deux dans le sens de la longueur, placer respectivement 3 demi-amandes debout autour de chaque boule et appuyer fortement. Battre les jaunes d'œufs avec 2 c.s. d'eau et badigeonner les petites boules, les poser sur les petits gâteaux et les badigeonner à leur tour d'une fine couche d'œuf. Faire cuire au four préchauffé pendant 15 minutes environ. Laisser refroidir sur une grille.

Biscuits de Noël à la crème

Pour 40 petits gâteaux

250 g de beurre
1 œuf
125 g de sucre
1 sachet de sucre vanillé
225 g de farine
125 g de fécule
½ sachet de levure chimique
2 c.s. de crème liquide

Cacao pour saupoudrer
Farine pour le plan de travail
Matière grasse pour les plaques

Temps de préparation : 30 minutes
(Temps de repos et de cuisson en sus)

1 Battre au fouet électrique le beurre avec l'œuf, le sucre et le sucre vanillé jusqu'à obtenir un mélange mousseux. Mélanger la farine, la fécule et la levure chimique, les ajouter au mélange et pétrir avec la crème liquide jusqu'à obtenir une pâte lisse. Envelopper la pâte dans un film alimentaire et laisser reposer 1 heure.

2 Préchauffer le four à 175 °C (chaleur tournante 155 °C). Sur un plan de travail légèrement enfariné, étaler la pâte sur environ 3 mm d'épaisseur. À l'aide d'une râpe à légumes enfarinée dessiner un motif dans la pâte et découper à l'emporte-pièce différentes formes de gâteaux.

3 Graisser deux plaques à pâtisserie et y déposer les petits gâteaux. Faire cuire au four pendant environ 12 à 15 minutes. Saupoudrer de cacao avant de servir.

Décors d'arbre de Noël sucrés

Pour 40 petits gâteaux

125 g de farine
1 jaune d'œuf
50 g de sucre en poudre
1 pincée de sel
100 g de beurre ramolli
1 c.c. de miel
1 c.c. de cannelle
½ c.c. de gingembre en poudre
100 g de sucre glace

Perles en sucre et cœurs en sucre pour la décoration
Crayons pâtissiers à paillettes pour la décoration
Cordons argentés pour suspendre les gâteaux

Temps de préparation : 1 heure (Temps de réfrigération et de cuisson en sus)

1 Tamiser la farine sur un plan de travail et creuser un puits au milieu. Y ajouter le jaune d'œuf, le sucre, le sel, le beurre ramolli en petits morceaux, y répartir le miel et les épices. Malaxer rapidement tous les ingrédients jusqu'à obtenir une pâte homogène et former une boule. Envelopper la boule de pâte dans un film alimentaire et laisser reposer au réfrigérateur pendant environ 2 heures.

2 Préchauffer le four à 200 °C (chaleur tournante 180 °C). Sur un plan de travail légèrement enfariné, étaler la pâte sur environ 4 mm d'épaisseur et découper à l'emporte-pièce des étoiles, des arbres de Noël et des anges jusqu'à utiliser toute la pâte.

3 Déposer les petits gâteaux sur des plaques à pâtisserie chemisées de papier sulfurisé. Avec une paillette faire un trou dans chaque petit gâteau pour l'accrocher à l'arbre. Faire cuire 10 minutes et laisser refroidir sur une grille.

4 Délayer le sucre glace dans 2 à 3 c.s. d'eau en remuant jusqu'à obtenir un glaçage lisse pour coller les perles de sucre et les cœurs. Décorer joliment les petits gâteaux avec les crayons pâtissiers et ornements en sucre et laisser sécher.

5 Faire passer un cordon dans chaque trou des petits gâteaux, nouer les extrémités.

Craquelins à la cannelle

Pour 60 petits gâteaux

250 g de beurre
8 c.s. de sucre
3 c.s. de crème épaisse
500 g de farine
4 jaunes d'œufs
1 c.c. de cannelle

Beurre liquide pour badigeonner
Farine pour le plan de travail

Temps de préparation : 25 minutes
(Temps de réfrigération et de cuisson en sus)

1 Mélanger le beurre, 4 c.s. de sucre, la crème épaisse, la farine et les jaunes d'œufs et pétrir rapidement jusqu'à obtenir une pâte sablée lisse, ensuite laisser reposer au frais pendant 1 heure.

2 Préchauffer le four à 180 °C avec chaleur de sole et de voûte. Sur un plan de travail légèrement enfariné, étaler la pâte au rouleau sur environ 3 mm d'épaisseur et découper des petits gâteaux ronds (environ 5 cm de diamètre) à l'emporte-pièce. Les découper de nouveau au centre pour en faire des anneaux.

3 Chemiser une plaque de papier sulfurisé et y déposer les petits gâteaux. Mélanger le reste de sucre à la cannelle. Badigeonner les petits gâteaux d'un peu de beurre fondu et les saupoudrer de sucre à la cannelle. Faire cuire au four pendant environ 15 minutes.

Cookies aux flocons d'avoine et aux raisins secs

Pour 45 petits gâteaux

300 g de farine
1 c.c. de bicarbonate de soude
1 c.c. de cannelle
1 c.c. sel
250 g de beurre ramolli
300 g de sucre
1 sachet de sucre vanillé
3 c.s. de sirop de betterave à sucre
2 œufs
300 g de flocons d'avoine tendres
160 g de raisins secs sans soufre
2 c.s. de jus d'orange

Temps de préparation : 30 minutes (Temps de cuisson en sus)

1 Tamiser la farine dans une terrine. Y ajouter le bicarbonate de soude, la cannelle et le sel et bien mélanger le tout.

2 Battre le beurre dans une grande terrine jusqu'à obtenir un mélange crémeux. Verser en pluie le sucre et le sucre vanillé tout en remuant et incorporer le sirop de betterave à sucre. Ajouter les œufs un à un en prenant soin chaque fois de bien les mélanger. Incorporer peu à peu le mélange de farine à la pâte et travailler le tout jusqu'à obtenir une pâte lisse. Ajouter les flocons d'avoine, les raisins secs et le jus d'orange à la pâte et mélanger délicatement avec une grande cuillère.

3 Préchauffer le four à 180 °C (chaleur tournante 160 °C). Chemiser une plaque de papier sulfurisé. Avec la pâte, façonner des petites boules d'environ 4 cm et les déposer sur la plaque à pâtisserie en laissant environ 8 cm d'intervalles entre-elles. Faire cuire les petits gâteaux au four à mi-hauteur pendant environ 12 minutes jusqu'à ce qu'ils soient dorés. Laisser refroidir les cookies sur la plaque.

Sablés au beurre

Pour 80 petits gâteaux

300 g de beurre ramolli
200 g de sucre
1 sachet de sucre vanillé
1 c.c. de vanille moulue
1 pincée de sel
550 g de farine

Farine pour le plan de travail
Matière grasse pour les plaques

Temps de préparation : 15 minutes
(Temps de réfrigération et de cuisson en sus)

1 Faire fondre le beurre dans une casserole jusqu'à légère coloration. Le verser ensuite dans une terrine et le laisser refroidir. Mélanger ensuite avec le sucre, le sucre vanillé, la vanille et le sel jusqu'à obtenir un mélange mousseux. Tamiser la farine par-dessus et pétrir le tout à la main jusqu'à obtenir une pâte lisse.

2 Façonner des rouleaux de pâte d'environ 4 cm de diamètre. Envelopper les rouleaux dans un film alimentaire et laisser reposer au réfrigérateur pendant 3 heures environ.

3 Préchauffer le four à 180 °C (chaleur tournante 160 °C). Graisser deux plaques à pâtisserie. Déballer les rouleaux de pâte et couper des tranches d'environ 6 à 7 mm d'épaisseur. Les déposer sur des plaques à pâtisserie et les faire cuire au four pendant 15 à 20 minutes. Laisser refroidir et conserver dans des boîtes fermées hermétiquement.

Croissants aux amandes et au miel

Pour 60 petits gâteaux

350 g de farine
250 g de beurre
80 g de sucre
1 sachet de sucre vanillé
100 g de miel
150 g d'amandes émondées, en poudre
2 gouttes d'arôme d'amande
1 œuf
150 g de cassonade

Temps de préparation : 40 minutes
(Temps de réfrigération et de cuisson en sus)

1 Mettre la farine dans une terrine. Couper le beurre en morceaux et répartir dessus. Y ajouter le sucre, le sucre vanillé, 50 g de miel, les amandes, l'arôme d'amande et l'œuf et pétrir le tout rapidement jusqu'à obtenir une pâte lisse. Couvrir et mettre au frais pendant la nuit.

2 Préchauffer le four à 180 °C (chaleur tournante 160 °C). Chemiser une plaque de papier sulfurisé. Façonner des rouleaux de pâte de l'épaisseur d'un doigt, couper des morceaux de 5 cm de long et leur donner la forme d'un petit croissant. Les déposer sur la plaque à pâtisserie en laissant un intervalle de 3 cm entre-eux. Les faire cuire au four à mi-hauteur pendant environ 15 minutes.

3 Badigeonner les croissants avec le restant de miel pendant qu'ils sont encore chands et les rouler dans la cassonade.

Demi-lunes au Cointreau et à l'orange

Pour 45 petits gâteaux

250 g de farine
100 g de sucre
1 sachet de sucre vanillé
1 sachet de zeste d'orange en poudre
2 jaunes d'œufs
125 g de beurre
150 g de sucre glace
3 c.s. de Cointreau

Farine pour le plan de travail

Temps de préparation : 40 minutes (Temps de réfrigération et de cuisson en sus)

1 Tamiser la farine dans une terrine. Y ajouter le sucre, le sucre vanillé, le sachet de zeste d'orange en poudre, les jaunes d'œufs et le beurre en morceaux. Pétrir tous les ingrédients jusqu'à obtenir une pâte lisse et la mettre au frais pendant environ 1 heure.

2 Préchauffer le four à 180 °C (chaleur tournante 160 °C). Sur un plan de travail enfariné, étaler la pâte au rouleau portion par portion sur environ ½ cm d'épaisseur et découper des demi-lunes à l'emporte-pièce. Déposer les demi-lunes sur une plaque à pâtisserie chemisée de papier sulfurisé et faire cuire au four à mi-hauteur pendant 10 minutes.

3 Mélanger le sucre glace et le Cointreau jusqu'à obtenir un glaçage lisse. Badigeonner au pinceau les demi-lunes encore tièdes et laisser sécher le glaçage.

Bouchées à la cherise
et au gingembre

Pour 50 petits gâteaux

50 g de gingembre confit
100 g de fécule
200 g de farine
1 œuf
100 g de sucre
200 g de beurre
1 pointe de couteau de gingembre moulu
50 g de confiture de cerises

Un peu de sucre glace pour saupoudrer

Temps de préparation : 30 minutes
(Temps de réfrigération et de cuisson en sus)

1 Hacher le gingembre confit très finement. Tamiser la fécule et la farine dans une terrine. Y ajouter l'œuf, le sucre et le beurre en morceaux. Ajouter le gingembre haché et moulu et pétrir le tout jusqu'à obtenir une pâte lisse. Mettre la pâte au frais pendant environ 30 minutes.

2 Préchauffer le four à 180 °C (chaleur tournante 160 °C). Façonner des petites boules de pâte de la grosseur d'une noix avec les mains légèrement enfarinées et les déposer sur une plaque à pâtisserie chemisée de papier sulfurisé. Appuyer au milieu de chaque boule avec le manche d'une cuiller en bois enfarinée pour faire un creux.

3 Faire cuire les petits gâteaux à mi-hauteur pendant environ 12 minutes et les laisser refroidir les ensuite sur une grille. Réchauffer légèrement la confiture de cerises et la répartir dans les creux avec une cuillère à café. Saupoudrer les petits gâteaux de sucre glace.

Bottes de St Nicolas

Pour 18 à 20 petits gateaux

300 g de farine
200 g de beurre
1 pincée de sel
200 g de sucre glace
1 œuf
1 c.c. de zeste râpé d'un citron non traité
150 g de copeaux de noix de coco
175 g de sucre glace
4 c.s. de jus de citron

Sucreries en tous genres pour la décoration
Farine pour le plan de travail

Temps de préparation : 45 minutes (Temps de réfrigération et de cuisson en sus)

1 Mettre la farine avec le beurre, le sel, le sucre glace, l'œuf, le zeste de citron et les copeaux de noix de coco dans une terrine et travailler le tout au batteur électrique (crochet pétrisseur) jusqu'à obtenir une pâte lisse. Envelopper la pâte dans un film alimentaire et laisser reposer au réfrigérateur pendant environ 30 minutes.

2 Préchauffer le four à 200 °C (chaleur tournante 180 °C). Sur un plan de travail enfariné, étaler la pâte sur environ 4 mm d'épaisseur et découper 18 à 20 bottes de St Nicolas à l'emporte-pièce (environ 10 cm). Les déposer sur une plaque à pâtisserie chemisée de papier sulfurisé et les faire cuire au four de 10 à 12 minutes environ.

3 Laisser refroidir les bottes sur des grilles. Délayer le sucre glace dans le jus de citron et remuer pour obtenir un glaçage, verser ensuite dans un sachet en plastique. Couper la pointe du sachet et retracer les contours de la botte avec le glaçage. Dessiner en dernier les lacets avec une boucle. Décorer les bottes à volonté avec le glaçage et les autres sucreries.

Macarons œil-de-bœuf

Pour 40 petits gâteaux

Pour la pâte
125 g de farine
1 jaune d'œuf
50 g de sucre en poudre
1 pincée de sel
100 g de beurre ramolli

Pour la garniture
300 g de pâte d'amandes crue
3 blancs d'œufs
1 sachet de sucre vanillé
100 g de confiture d'oranges
100 g de confiture de cerises
½ c.c. de gingembre en poudre
½ c.c. de cannelle en poudre

Farine pour le plan de travail

Temps de préparation : 40 minutes (Temps de réfrigération et de cuisson en sus)

1 Tamiser la farine sur un plan de travail et creuser un puits au milieu. Y ajouter le jaune d'œuf, le sucre et le sel et répartir dessus le beurre ramolli en petits morceaux. Malaxer rapidement tous les ingrédients avec les doigts froids de préférence jusqu'à obtenir une pâte homogène et former une boule. Envelopper la boule de pâte dans un film alimentaire et laisser reposer 30 minutes au réfrigérateur.

2 Préchauffer le four à 200 °C (chaleur tournante 180 °C). Sur un plan de travail enfariné, étaler la pâte au rouleau sur environ 4 mm d'épaisseur et découper environ 40 petits gâteaux ronds à l'emporte-pièce. Répartir sur des plaques à pâtisserie chemisées de papier sulfurisé.

3 Mélanger la pâte d'amandes hachée, les blancs d'œufs et le sucre vanillé. Remplir une poche à douille avec un embout en forme d'étoile (8 mm de diamètre) et appliquer une mince couronne de pâte d'amandes sur chaque disque de pâte. Faire cuire à l'avant-dernier cran du four pendant environ 13 minutes, laisser refroidir.

4 Laisser réduire un peu les confitures dans des petites casseroles séparées. Ajouter le gingembre à la confiture d'oranges, la cannelle à la confiture de cerises et remuer. Garnir le centre des macarons de confitures et laisser refroidir.

Cœurs d'oranges à la vanille

Pour 30 petits gâteaux

25 g d'écorce d'orange confite
125 g de farine
1 jaune d'œuf
50 g de sucre en poudre
1 pincée de sel
100 g de beurre ramolli
5 c.s. de jus d'orange
3 c.s. de lait
1 sachet de préparation en poudre pour flan à la vanille

Temps de préparation :
35 minutes
(Temps de cuisson en sus)

1 Préchauffer le four à 180 °C (chaleur tournante 160 °C). Hacher très finement l'écorce d'orange confite et travailler au fouet électrique avec tous les autres ingrédients jusqu'à obtenir une pâte lisse. Remplir de pâte une poche à douille avec un embout en forme d'étoile.

2 Déposer environ 30 cœurs sur des plaques à pâtisserie chemisées de papier sulfurisé et faire cuire au four pendant environ 13 minutes jusqu'à ce qu'ils soient dorés. Laisser refroidir sur une grille.

Conseil :

Celui qui le désire peut encore badigeonner les cœurs du chocolat de couverture blanc et les saupoudrer de copeaux de noix de coco.

Palets à l'anis

Pour 50 petits gâteaux

2 œufs
170 g de sucre de canne brut
170 g de farine
1 c.c. d'anis étoilé moulu

Matière grasse pour les plaques

Temps de préparation : 40 minutes
(Temps de repos et de cuisson en sus)

1 Dans une terrine, battre les œufs avec le sucre au fouet électrique jusqu'à obtenir un mélange mousseux. Tamiser la farine par-dessus et mélanger en soulevant délicatement la masse. Y incorporer en dernier l'anis et malaxer le tout jusqu'à obtenir une pâte lisse.

2 Graisser deux plaques à pâtisserie. Former des petits tas de pâte à l'aide de deux cuillères à café et les déposer bien espacés sur la plaque. Couvrir les petits gâteaux et les laisser reposer pendant la nuit à la température ambiante.

3 Préchauffer le four à 160 °C (chaleur tournante 140 °C). Faire cuire les petits gâteaux au four pendant environ 10 minutes jusqu'à ce qu'ils soient bien levés. Laisser refroidir sur des grilles.

Calendrier de l'Avent sucré

Pour 24 petits gâteaux

300 g de farine
1 œuf
100 g de sucre en poudre
1 pincée de sel
150 g de beurre ramolli

200 g de chocolat de couverture noir
Granulés en sucre colorés

Temps de préparation : 50 minutes
(Temps de cuisson en sus)

1 Préchauffer le four à 200 °C (chaleur tournante 180 °C). Dans une terrine, mélanger tous les ingrédients, sauf le chocolat de couverture et les granulés en sucre colorés.

2 Malaxer rapidement tous les ingrédients avec les doigts froids de préférence jusqu'à obtenir une pâte homogène et former plusieurs petits rouleaux de pâte de l'épaisseur d'un crayon.

3 Couper les petits rouleaux de pâte en morceaux de 10 à 15 cm de longueur, et façonner les chiffres de 1 à 24, les déposer ensuite sur des plaques à pâtisserie chemisées de papier sulfurisé. Faire cuire au four pendant environ 8 minutes et laisser refroidir sur des grilles.

4 Faire fondre la couverture au bain-marie, recouvrir de chocolat la moitié de chaque chiffre et saupoudrer directement de granulés en sucre. Laisser durcir le chocolat, glisser soigneusement chaque chiffre dans une pochette en cellophane, fermer avec une ficelle et composer un calendrier de l'Avent.

Petits gâteaux au poivre

Pour 60 petits gâteaux

100 g d'écorce d'orange confite
1 c.c. de carbonate d'ammonium
2 c.s. de kirsch
4 œufs, 300 g de cassonade
¾ c.c. de poivre noir moulu
¼ c.c. de piment
¼ c.c. de noix muscade
¼ c.c. de cardamome
¼ c.c. de cannelle
1 c.s. de zeste râpé d'une orange non traitée
500 g de farine complète
100 g de sucre glace
2 c.s. de jus d'orange
1 c.s. de jus de citron

Granulés en sucre et en chocolat pour la décoration

Temps de préparation : 30 minutes
(Temps de repos et de cuisson en sus)

1 Hacher finement l'écorce d'orange confite. Dissoudre ensuite le carbonate d'ammonium dans le kirsch. Battre les œufs avec la cassonade jusqu'à obtenir un mélange mousseux. Incorporer les épices, le zeste d'orange, le carbonate d'ammonium et l'écorce d'orange confite à la masse d'œufs. Y ajouter la farine et malaxer le tout jusqu'à obtenir une pâte lisse. Couvrir la pâte et laisser reposer pendant la nuit.

2 Préchauffer le four à 180 °C (chaleur tournante 160 °C). Chemiser deux plaques à pâtisserie de papier sulfurisé. Avec les doigts humides ou à l'aide de deux cuillères à soupe prélever des boules de pâte (3 cm de diamètre) et les déposer sur les plaques. Faire cuire au four pendant 20 à 25 minutes.

3 Pour le glaçage, mélanger le sucre glace et le jus d'orange et de citron et napper les petits gâteaux encore chauds. Décorer selon vos envies avec des granulés en sucre et en chocolat.

Conseil :

Frottez la paume des mains avec un peu d'huile de table pour que la pâte ne colle pas aux mains.

Étoiles à la cannelle

Pour 70 petits gâteaux

150 g de pâte d'amandes crue
250 g de sucre
275 g de noisettes en poudre
1 c.s. de cannelle moulue
Sel
1 pincée de vanille moulue
5 blancs d'œufs
250 g de sucre glace
2 œufs

Farine pour le plan de travail
Matière grasse pour la plaque

Temps de préparation : 30 minutes
(Temps de repos et de cuisson en sus)

1 Dans une terrine, mélanger ensemble la pâte d'amandes et le sucre, 250 g de noisettes, la cannelle, le sel et la vanille. Incorporer délicatement 3 blancs d'œufs et pétrir le tout jusqu'à obtenir une pâte lisse.

2 Former une boule avec la pâte, couvrir et laisser reposer pendant environ 2 heures. Saupoudrer le plan de travail avec un peu de farine et le restant de noisettes et étaler dessus la pâte sur environ 1 cm d'épaisseur.

3 Préchauffer le four à 180 °C (chaleur tournante 160 °C). Découper des étoiles à l'emporte-pièce et les déposer sur une plaque à pâtisserie graissée.

4 Mélanger les blancs d'œufs restants, le sucre glace et les œufs entiers jusqu'à obtenir une consistance homogène et badigeonner au pinceau les étoiles à la cannelle. Faire cuire au four pendant 8 à 10 minutes.

Pain tendre au gingembre

Pour 50 petits gâteaux

125 g de farine
1 jaune d'œuf
50 g de sucre en poudre
1 pincée de sel
100 g de beurre ramolli
5 c.s. de sirop de betterave à sucre
5 c.c. de gingembre en poudre
1 pincée de cannelle
1 pincée de poivre noir

Temps de préparation : 20 minutes
(Temps de congélation et de cuisson en sus)

1 Chemiser un moule à cake avec un film alimentaire. Mélanger tous les ingrédients au fouet électrique jusqu'à obtenir une pâte lisse et collante et la répartir dans le moule à cake. Laisser congeler pendant environ 4 heures dans le freezer.

2 Préchauffer le four à 200 °C (chaleur tournante 180 °C). Démouler la pâte congelée en renversant le moule et retirer le film alimentaire. Ensuite, couper la pâte avec un couteau aiguisé en 25 tranches environ et les partager en deux.

3 Répartir les petits gâteaux sur une plaque à pâtisserie chemisée de papier sulfurisé. Ne pas les aligner trop près les uns des autres car ils s'étalent encore un peu.

4 Faire cuire les petits gâteaux pendant environ 7 minutes dans le four préchauffé et laisser refroidir sur une grille.

Conseil :

Vous pouvez varier les épices comme bon vous semble. En outre, le pain au gingembre avec un glaçage au chocolat noir est un vrai délice.

Croissants à la vanille façon traditionnelle

Pour 140 petits gâteaux

300 g de farine
140 g de sucre
1 pincée de sel
4 jaunes d'œufs
Graines d'1 gousse de vanille
300 g d'amandes en poudre
300 g de beurre
200 g de sucre
2 sachets de sucre vanillé

Matière grasse et farine pour les plaques

Temps de préparation :
50 minutes
(Temps de réfrigération et de cuisson en sus)

1 Tamiser la farine sur un plan de travail et creuser un puits au milieu. Y ajouter le sucre, le sel, les jaunes d'œufs et les graines de la gousse de vanille. Répartir les amandes en poudre et le beurre en petits flocons autour de la farine. Travailler tous les ingrédients jusqu'à obtenir une pâte lisse. Former 4 petits rouleaux d'environ 35 cm de long. Mettre au frais pendant 30 minutes.

2 Graisser légèrement les plaques à pâtisserie et les saupoudrer légèrement de farine ou les recouvrir de papier sulfurisé. Couper chaque rouleau en 30 à 35 tranches. Préchauffer le four à 200 °C (chaleur tournante 180 °C). Rouler chaque tranche avec la paume de la main pour rétrécir les extrémités et lui donner la forme d'un croissant. Les déposer sur la plaque en les espaçant suffisamment.

3 Faire cuire les croissants au four à mi-hauteur pendant 10 à 15 minutes. Les bords seulement doivent être légèrement dorés.

4 Mélanger le sucre et le sucre vanillé. Détacher les croissants de la plaque pendant qu'ils sont encore chauds et les rouler enfin tout délicatement dans le sucre.

Biscuits de tasse

Pour 25 petits gâteaux

125 g de farine
1 jaune d'œuf
50 g de sucre en poudre
1 pincée de sel
100 g de beurre ramolli
2 c.s. de capucino soluble

Farine pour le plan de travail

Temps de préparation :
30 minutes
(Temps de réfrigération et de cuisson en sus)

1 Tamiser la farine sur un plan de travail et creuser un puits au milieu. Y repartir le jaune d'œuf, le sucre, le sel, le beurre ramolli en petits morceaux et le cappuccino en poudre.

2 Pétrir rapidement tous les ingrédients jusqu'à obtenir une pâte homogène et former une boule. Envelopper la boule de pâte dans un film alimentaire et laisser reposer pendant 30 minutes au réfrigérateur.

3 Préchauffer le four à 200 °C (chaleur tournante 180 °C). Sur un plan de travail légèrement enfariné, étaler la pâte au rouleau sur environ 5 mm d'épaisseur et découper après des biscuits à l'emporte-pièce en forme de gros cœur.

4 Déposer les biscuits sur des plaques à pâtisserie chemisées de papier sulfurisé. Découper une petite bande de pâte de 1 cm de long sur le bord inférieur gauche de chaque cœur pour donner l'impression d'une petite anse. Une fois que les biscuits sont cuits, cela permet de les accrocher au bord de la tasse. Faire cuire les biscuits au four pendant environ 12 minutes et laisser refroidir sur une grille.

Biscuits sablés

Pour 80 petits gâteaux

250 g de farine
1 jaune d'œuf
125 g de sucre en poudre
1 pincée de sel
175 g de beurre ramolli
1 sachet de sucre vanillé

Temps de préparation :
20 minutes
(Temps de réfrigération et de cuisson en sus)

1 Tamiser toute la farine sur un plan de travail et creuser un puits au milieu. Mettre tous les autres ingrédients au milieu du puits. Pétrir rapidement jusqu'à obtenir une pâte lisse. Rouler la pâte en boule, l'envelopper dans un film alimentaire et mettre au frais pendant environ 2 heures.

2 Préchauffer le four à 180 °C (chaleur tournante 160 °C). À l'aide d'un hachoir à viande muni d'un embout pour biscuits, passer la pâte portion par portion en tournant la manivelle et déposer les sablés sur des plaques à pâtisserie chemisées de papier sulfurisé.

3 Faire dorer pendant 8 à 10 minutes, ensuite enlever immédiatement les biscuits de la plaque chaude et les laisser refroidir sur une grille.

Cristaux de glace

Pour 35 petits gâteaux

125 g de farine
1 jaune d'œuf
50 g de sucre en poudre
1 pincée de sel
100 g de beurre ramolli
1 sachet de sucre vanillé
300 g de sucre glace
3 gouttes d'essence de menthe
2 gouttes de colorant alimentaire bleu
2 gouttes de colorant alimentaire rouge

Perles en sucre argentées
Farine pour le plan de travail

Temps de préparation : 40 minutes
(Temps de réfrigération et de cuisson en sus)

1 Tamiser la farine sur un plan de travail et creuser un puits au milieu, y mettre le jaune d'œuf. Répartir dessus le sucre, le sel, le beurre en petits morceaux et le sucre vanillé. Mélanger rapidement tous les ingrédients avec les doigts froids de préférence jusqu'à obtenir une pâte homogène et former une boule. L'envelopper dans un film alimentaire et la laisser reposer au réfrigérateur 30 minutes.

2 Préchauffer le four à 200 °C (chaleur tournante 180 °C). Sur un plan de travail enfariné, étaler la pâte au rouleau sur 4 mm d'épaisseur et découper des biscuits à l'emporte-pièce en forme de cristaux de glace. Les déposer sur des plaques à pâtisserie chemisées de papier sulfurisé et les faire cuire à mi-hauteur pendant 8 minutes jusqu'à ce qu'ils soient dorés. Les enlever aussitôt de la plaque chaude et les laisser refroidir sur une grille.

3 Mélanger le sucre glace, 2 à 3 c.s. d'eau et l'essence de menthe, remuer pour obtenir un glaçage lisse. Colorer une moitié du glaçage en bleu clair, l'autre moitié en rose pâle et napper une moitié de biscuits d'une couche épaisse de glaçage bleu et l'autre moitié de rose. Déposer une perle en sucre argentée au milieu des biscuits et laisser sécher.

Damiers en spirales

Pour 45 petits gâteaux

250 g de farine
1 c.c. de levure chimique
125 g de sucre glace
1 sachet de sucre vanillé
1 pincée de sel
1 œuf
125 g de beurre
2 c.s. de cacao en poudre
1 c.s. de sucre glace
1 c.s. de lait
2 blancs d'œufs

Farine pour le plan de travail

Temps de préparation :
45 minutes
(Temps de réfrigération et de cuisson en sus)

1 Tamiser la farine avec la levure dans un bol mélangeur. Y ajouter le sucre glace, le sucre vanillé, le sel et l'œuf. Couper le beurre en petits morceaux et l'ajouter. Bien malaxer les ingrédients au batteur électrique (crochet pétrisseur). Pétrir sur un plan de travail enfariné jusqu'à obtenir une pâte lisse.

2 Pour la pâte au cacao, mélanger le cacao, le sucre glace tamisé et le lait, ensuite incorporer cette préparation à la moitié de la pâte. Mettre les deux sortes de pâtes au frais pendant 1 heure.

3 Étaler ensuite la pâte claire et la pâte foncée en couche mince de même épaisseur. Badigeonner de blanc d'œuf une couche de pâte. Superposer l'autre couche de pâte, et la badigeonner également de blanc d'œuf. Enrouler ensemble les deux couches de pâte en serrant bien. Mettre de nouveau le rouleau de pâte au frais.

4 Préchauffer le four à 180 °C (chaleur tournante 160 °C). Couper le rouleau de pâte en tranches d'environ ½ cm d'épaisseur, déposer les biscuits sur une plaque à pâtisserie chemisée de papier sulfurisé. Faire cuire au four à mi-hauteur pendant environ 15 minutes.

Bonhommes de neige

Pour 45 petits gâteaux

1 citron bio
300 g de beurre
300 g de farine
150 g de flocons d'avoine tendres
150 g de sucre
1½ sachet de sucre vanillé
1 œuf
4 c.s. de raisins de Corinthe
3 c.s. de pignons de pin (à défaut des amandes en bâtonnets)
350 g de sucre glace

Colorant alimentaire rouge
Farine pour le plan de travail

Temps de préparation :
50 minutes
(Temps de réfrigération et de cuisson en sus)

1 Laver le citron, l'essuyer avec du papier absorbant et râper finement le zeste. Pétrir énergiquement le beurre, la farine, les flocons d'avoine, le sucre, le sucre vanillé, le zeste de citron et l'œuf. Façonner une boule de pâte, l'envelopper dans un film alimentaire et la mettre au frais pendant 30 minutes.

2 Préchauffer le four à 180 °C (chaleur tournante 160 °C). Étaler la pâte au rouleau sur un plan de travail enfariné. Découper des disques de différents diamètres à l'emporte-pièce : 7 cm de diamètre pour le corps et 4 cm de diamètre pour la tête. Déposer chaque fois un petit disque sur le bord d'un grand disque de manière à ce qu'ils se chevauchent et appuyer un peu. Poser des raisins de Corinthe sur le ventre des bonhommes de neige pour les « boutons » et sur la tête pour les yeux et utiliser un pignon pour le nez. Chemiser une plaque à pâtisserie de papier sulfurisé et faire cuire les biscuits au four à mi-hauteur pendant 10 à 12 minutes. Ensuite laisser refroidir.

3 Délayer la moitié du sucre glace avec 2 à 3 c.s. d'eau en remuant et colorer avec du colorant alimentaire rouge. Colorer les bonnets rouges des bonhommes de neige et moucheter avec le glaçage blanc. Retracer le rebord du bonnet en blanc. Enfin, saupoudrer de sucre glace pour la « neige ».

Tourelles d'étoiles

Pour 25 petits gâteaux

200 g de farine
1 jaune d'œuf
75 g de sucre en poudre
1 pincée de sel
100 g de beurre ramolli
1 c.c. de levure chimique
1 sachet de sucre vanillé
50 g de fromage frais double crème
300 g de sucre glace
Env. 75 ml de jus de citron

Granulés en sucre colorés
Farine pour le plan de travail

Temps de préparation : 35 minutes
(Temps de réfrigération et de cuisson en sus)

1 Tamiser la farine sur un plan de travail et creuser un puits au milieu. Y répartir le jaune d'œuf, le sucre, le sel et le beurre ramolli en petits morceaux. Ajouter la levure chimique, le sucre vanillé et le fromage frais. Pétrir rapidement tous les ingrédients jusqu'à obtenir une pâte homogène et former une boule. Envelopper la boule de pâte dans un film alimentaire et la laisser reposer pendant environ 1 heure au réfrigérateur.

2 Préchauffer le four à 200 °C (chaleur tournante 180 °C). Sur un plan de travail légèrement enfariné, étaler la pâte au rouleau sur environ 3 à 4 mm d'épaisseur et découper à l'emporte-pièce environ 25 petits gâteaux en forme d'étoiles de trois dimensions différentes. Déposer les petits gâteaux sur des plaques à pâtisserie chemisées de papier sulfurisé et faire cuire pendant 8 à 10 minutes. Laisser refroidir sur une grille.

3 Tamiser le sucre glace, délayer avec le jus de citron et remuer jusqu'à obtenir un glaçage épais. Badigeonner les petits gâteaux, assembler immédiatement 3 étoiles de dimensions différentes et décorer avec les granulés en sucre. Laisser sécher sur des grilles.

Biscuits à l'orange
et aux pignons

Pour 45 petits gâteaux

Jus d'1 orange
160 g de sucre
200 g de beurre ramolli
250 g de farine
60 g de pignons de pin hachés
1 c.c. de cannelle

Sucre glace pour saupoudrer

Temps de préparation :
40 minutes
(Temps de cuisson en sus)

1 Faire réduire le jus d'orange et 60 g de sucre jusqu'à obtenir un sirop. Puis laisser refroidir.

2 Battre le beurre avec le restant de sucre jusqu'à obtenir un mélange mousseux. Y incorporer 2 c.s. du sirop d'orange. Tamiser ensuite la farine et travailler le mélange. Pétrir le tout jusqu'à obtenir une pâte lisse.

3 Pour la garniture, mélanger les pignons de pin, la cannelle et le restant de sirop d'orange. Façonner chaque boule avec 1 c.c. de pâte, appuyer avec le pouce au milieu de manière à faire un creux dans lequel on dépose environ 1 c.c. de garniture.

4 Préchauffer le four à 180 °C (chaleur tournante 160 °C). Déposer les biscuits sur une plaque à pâtisserie chemisée de papier sulfurisé et les aplatir légèrement. Faire cuire au four à mi-hauteur pendant environ 15 minutes.

5 Laisser refroidir les biscuits sur une grille et les saupoudrer de sucre glace.

Biscuits au beurre et crumble

Pour 150 petits gâteaux

500 g de farine
250 g de beurre
200 g de sucre
2 œufs
1 c.s. de rhum ou
1 sachet de sucre vanillé
Zeste râpé et jus d'1 citron
non traité
1 pointe de couteau
de cannelle
1 jaune d'œuf

Sucre coloré, sucre en grains
ou amandes hachées
Farine pour le plan de travail
Matière grasse pour la
plaque

Temps de préparation :
30 minutes
(Temps de réfrigération et de
cuisson en sus)

1 Tamiser la farine sur un plan de travail, parsemer de flocons de beurre et de sucre. Creuser un puits au milieu. Y ajouter les œufs, le rhum ou le sucre vanillé, le zeste de citron râpé et le jus de citron ainsi que la cannelle. Hacher menu le tout avec un gros couteau, puis pétrir rapidement jusqu'à obtenir une pâte lisse. Mettre au frais pendant 30 à 60 minutes avant de l'utiliser.

2 Préchauffer le four de 180 à 200 °C (chaleur tournante 160 à 180 °C). Sur un plan de travail légèrement enfariné, étaler la pâte au rouleau sur environ ½ cm d'épaisseur. Découper des petites formes à l'emporte-pièce et les déposer sur les plaques à pâtisserie graissées ou recouvertes d'un papier sulfurisé. Faire cuire pendant environ 10 minutes dans le four préchauffé jusqu'à ce que les biscuits prennent une couleur dorée.

3 À l'aide d'un pinceau, badigeonner les biscuits de jaune d'œuf et les saupoudrer de sucre coloré, de sucre en grains ou d'amandes hachées.

Petits sablés
à la vanille

Pour 60 petits gâteaux

200 g de fécule
50 g de farine
1 gousse de vanille
200 g de beurre
3 gouttes d'arôme beurre-vanille

80 g de sucre glace

Temps de préparation :
25 minutes
(Temps de réfrigération et de cuisson en sus)

1 Tamiser la fécule et la farine, fendre la gousse de vanille et gratter les graines. Pétrir la fécule et la farine avec les graines de vanille, le beurre, l'arôme beurre-vanille et le sucre glace jusqu'à obtenir une pâte lisse. Former 2 rouleaux de pâte d'environ 30 cm de longueur. Couvrir et mettre au frais pendant 2 heures.

2 Couper les pâtons en tranches d'environ 1 cm d'épaisseur. Faire des boules avec les tranches. Chemiser les plaques à pâtisserie de papier sulfurisé, y déposer les petites boules de pâte et les aplatir doucement avec une fourchette enfarinée.

3 Faire cuire les petits sablés à l'avant-dernier cran du four pendant environ 15 minutes dans le four préchauffé à 190 °C (chaleur tournante 170 °C). Les laisser refroidir et les mettre dans des boîtes hermétiques.

Biscuits au caramel et à la cannelle

Pour 45 petits gâteaux

150 ml de sirop de candi
50 g de cassonade
100 g de beurre
1 pincée de sel
½ c.c. de cannelle
250 g de farine
½ sachet de levure chimique

Temps de préparation :
20 minutes
(Temps de réfrigération et de cuisson en sus)

1 Dans une terrine verser le sirop, ajouter la cassonade, le beurre, le sel et la cannelle et battre au fouet électrique jusqu'à obtenir un mélange mousseux. Mélanger la farine et la levure chimique et l'incorporer à la pâte en pétrissant. Mettre la pâte au frais pendant 3 heures.

2 Préchauffer le four à 180 °C (chaleur tournante 160 °C). Former un rouleau avec la pâte (4 cm de diamètre) et couper des tranches d'environ ½ cm d'épaisseur. Déposer les biscuits sur une plaque à pâtisserie chemisée de papier sulfurisé et faire cuire au four à mi-hauteur pendant 12 minutes.

Figurines en pain d'épice
aux noix

Pour 45 petits gâteaux

150 g de miel
80 g de cassonade
50 g de beurre
250 g de farine
2 c.c. levure chimique
1 œuf
½ sachet de zeste de citron râpé (produit industriel)
150 g de noix en poudre
1 c.c. de cannelle
2 c.c. d'épices à pain d'épice
1 pincée de sel

200 g de sucre glace
Colorant alimentaire au choix
Perles en sucre colorées et décors en sucre
Farine pour le plan de travail

Temps de préparation : 1 heure
(Temps de cuisson en sus)

1 Réchauffer lentement le miel avec la cassonade et le beurre jusqu'à ce que le sucre soit fondu. Verser le tout dans une terrine, laisser refroidir un peu.

2 Préchauffer le four à 180 °C (chaleur tournante 160 °C). Bien mélanger la farine et la levure. Séparer le jaune du blanc d'œuf. Incorporer le mélange de farine, le jaune, le zeste de citron, les noix, les épices et le sel à la préparation au miel tiède.

3 Sur un plan de travail enfariné, travailler la pâte jusqu'à ce qu'elle devienne lisse et l'étaler sur 1 cm d'épaisseur. Découper des figurines de différentes dimensions à l'emporte-pièce et les déposer sur une plaque recouverte d'un papier sulfurisé. Faire cuire au four pendant 12 minutes. Laisser refroidir.

4 Monter le blanc en neige ferme. Incorporer le sucre glace. Colorer une partie du glaçage avec le colorant alimentaire. Badigeonner les figurines de glaçage coloré ou de glaçage blanc, décorer avec des perles et des décors en sucre, laisser sécher.

Conseil :

Les véritables fans de chocolat peuvent naturellement napper les pains d'épices de chocolat.

Pains d'épices de Dame Elise
à la cassonade

Pour 50 petits gâteaux

2 œufs
150 g de cassonade
1 pointe de couteau de clou de girofle moulu
1 pointe de couteau de cardamome moulue
½ c.c. de cannelle
1 c.c. de zeste d'un citron non traité
1 c.s. de rhum
100 g de citron confit
150 g d'amandes en poudre
100 g d'amandes hachées
Env. 50 oublies (5 cm de diamètre)
250 g de sucre glace
3 à 4 c.s. de jus de citron

Temps de préparation : 20 minutoc
(Temps de cuisson en sus)

1 Battre les œufs jusqu'à obtenir un mélange mousseux. Verser la cassonade en pluie peu à peu et battre jusqu'à obtenir un mélange crémeux. Y incorporer les épices, le zeste de citron et le rhum ainsi que le citron confit et les amandes.

2 Préchauffer le four à 160 °C (chaleur tournante 140 °C). Répartir et étaler cette préparation sur les oublies et déposer le tout sur une plaque à pâtisserie. Faire cuire au four à mi-hauteur pendant environ 20 minutes. Laisser refroidir un peu.

3 Pour le glaçage, tamiser le sucre glace et délayer avec le jus de citron. À l'aide d'un pinceau, badigeonner les pains d'épices encore chauds.

Sablés à la vanille

Pour 50 petits gâteaux

2 jaunes d'œufs
1 pincée de sel
300 g de farine
Graines d'une demi-gousse de vanille ou 1 sachet de sucre vanillé
150 g de sucre en poudre
150 g de margarine ou de beurre
2 jaunes d'œufs pour badigeonner

Farine pour le plan de travail
Matière grasse pour la plaque

Temps de préparation : 40 minutes
(Temps de réfrigération et de cuisson en sus)

1 Mélanger les jaunes d'œufs et le sel, couvrir et laisser reposer pendant 1 heure (ceci permet d'accentuer la couleur jaune naturelle de l'œuf).

2 Tamiser la farine sur un plan de travail, creuser un puits au milieu. Ajouter les jaunes d'œufs, mélanger les graines de vanille ou le sucre vanillé et le sucre puis ajouter à la préparation. Répartir des flocons de beurre froids (ou de margarine) sur la farine. Pétrir rapidement tous les ingrédients jusqu'à obtenir une pâte lisse et mettre celle-ci au frais pendant 30 minutes.

3 Préchauffer le four à 180 °C (chaleur tournante 160 °C). Pétrir de nouveau la pâte et l'étaler au rouleau en couche mince sur un plan de travail enfariné. Découper alors différentes formes à l'emporte-pièce et les badigeonner de jaune d'œuf. Laisser sécher un court instant, badigeonner de nouveau de jaune d'œuf et laisser sécher encore un peu. Déposer les petits sablés sur une plaque à pâtisserie graissée et les faire légèrement dorer pendant 10 à 15 minutes dans le four préchauffé.

Spéculoos aux amandes

Pour 70 petits gâteaux

180 g de margarine
200 g de sucre
2 sachets de sucre vanillé
2 œufs
1½ sachets d'épices à spéculoos
1 pincée de sel
Quelques gouttes d'arôme d'amande amère
Zeste râpé d'1 citron non traité
1 c.s. de rhum
450 g de farine
50 g de fécule
100 g d'amandes effilées

Farine pour saupoudrer
Matière grasse pour la plaque

Temps de préparation : 40 minutes
(Temps de réfrigération et de cuisson en sus)

1 Battre la margarine ramollie jusqu'à obtenir une consistance mousseuse. Ajouter le sucre et le sucre vanillé. Y incorporer les œufs, toutes les épices et le rhum. Mélanger et tamiser la farine et la fécule. Incorporer une partie de la farine à la préparation précédente en soulevant la pâte, pétrir le restant au batteur électrique (crochet pétrisseur). Couvrir la pâte et la mettre au frais pendant 1 jour.

2 Préchauffer le four à 200 °C (chaleur tournante 180 °C). Saupoudrer les moules de farine et les remplir de petits morceaux de pâte. Éliminer ce qui dépasse et parsemer d'amandes effilées en appuyant un peu sur la pâte. Retourner le moule et démouler les formes d'un coup sec.

3 Déposer les spéculoos sur une plaque à pâtisserie graissée ou chemisée de papier sulfurisé. Faire cuire pendant environ 10 minutes dans le four préchauffé. À défaut de moules spécifiques, étaler la pâte sur un plan de travail légèrement enfariné et découper à l'emporte-pièce des formes au choix.

Aux noix et au chocolat

Languettes aux noisettes
et rhum-raisins

Pour 40 petits gâteaux

50 g de raisins secs
2 c.s. de rhum
125 g de farine
70 g de noisettes en poudre
1 jaune d'œuf
50 g de sucre en poudre
1 pincée de sel
100 g de beurre ramolli

Beurre et noisettes en poudre pour le moule
Cassonade pour saupoudrer

Temps de préparation : 35 minutes
(Temps de cuisson en sus)

1 Préchauffer le four à 200 °C (chaleur tournante 180 °C). Graisser deux moules à cake (de 20 cm de long) et parsemer de noisettes en poudre. Puis hacher finement les raisins secs, mélanger avec le rhum et laisser macérer 10 minutes.

2 Déposer la farine avec les noisettes sur un plan de travail, creuser un puits au milieu. Y répartir le jaune d'œuf, le sucre, le sel, le beurre en petits morceaux et les raisins secs au rhum avec leur liquide. Pétrir tous les ingrédients avec les doigts rapidement jusqu'à obtenir une pâte homogène. Partager la pâte en deux moitiés et les mettre dans les moules en pressant avec les doigts. Les piquer plusieurs fois avec une fourchette et faire cuire au four pendant 11 à 13 minutes jusqu'à ce qu'ils soient dorés.

3 Saupoudrer un torchon de cassonade et démouler les gâteaux encore chauds en les renversant sur la cassonade tout en faisant attention de ne pas les casser. Découper aussitôt des languettes d'environ 1 cm de largeur et les laisser refroidir sur le sucre.

Conseil :

Vous pouvez napper les languettes de chocolat de couverture noir une fois qu'elles sont refroidies.

Monts florentins

Pour 40 petits gâteaux

150 g de farine
130 g de beurre froid
175 g de sucre
1 sachet de sucre vanillé
1 blanc d'œuf
25 g de cerises confites
125 ml de crème liquide
400 g d'amandes effilées
100 g de chocolat de
couverture noir amer

Sucre glace pour saupoudrer
Farine pour le plan de travail

Temps de préparation :
50 minutes
(Temps de réfrigération et de cuisson en sus)

1 Tamiser la farine dans une terrine. Incorporer 80 g de beurre en morceaux. Ajouter 50 g de sucre, le sucre vanillé et le blanc d'œuf et pétrir jusqu'à obtenir une pâte lisse. Mettre au frais 1 heure.

2 Préchauffer le four à 200 °C (chaleur tournante 180 °C). Sur un plan de travail enfariné, étaler la pâte au rouleau sur ½ cm d'épaisseur. Découper des cercles à l'emporte-pièce (4 cm de diamètre). Déposer sur une plaque à pâtisserie chemisée de papier sulfurisé. Précuire au four à mi-hauteur pendant 5 minutes.

3 Hacher finement les cerises. Faire fondre le restant de beurre et de sucre dans une grande poêle et remuer jusqu'à ce que le mélange brunisse. Incorporer la crème et laisser frémir un peu. Ajouter les amandes et les cerises, faire frémir à petit feu pendant 3 minutes tout en remuant et laisser réduire jusqu'à obtenir une consistance sirupeuse.

4 Avec deux cuillères à café, déposer des petits tas de mélange d'amandes et de crème sur les biscuits précuits. Faire cuire au four à mi-hauteur pendant 8 minutes. Laisser refroidir sur une grille.

5 Faire fondre le chocolat au bain-marie chaud. Répartir sur les biscuits et laisser sécher. Saupoudrer de sucre glace.

Rochers au rhum

Pour 45 petits gâteaux

150 g de farine
1 c.c. de levure chimique
50 g de sucre
2 sachets de sucre vanillé
50 g de beurre
4 gouttes d'arôme de rhum
4 c.s. de lait
125 g de graisse de noix de coco
65 g de sucre glace
3 c.s. de cacao en poudre
1 sachet de sucre vanillé
1 c.s. de rhum
1 œuf
75 g d'amandes en bâtonnets

400 g de chocolat de couverture
Farine pour le plan de travail

Temps de préparation : 45 minutes
(Temps de repos et de cuisson en sus)

1 Tamiser la farine dans un bol mélangeur. Y incorporer la levure chimique, le sucre et 1 sachet de sucre vanillé. Ajouter le beurre coupé en petits morceaux, l'arôme de rhum et le lait. Pétrir le tout jusqu'à obtenir une pâte lisse et mettre au frais pendant environ 30 minutes.

2 Préchauffer le four à 180 °C (chaleur tournante 160 °C). Sur un plan de travail enfariné, étaler la pâte au rouleau sur environ ½ cm d'épaisseur. Découper des petits gâteaux ronds à l'emporte-pièce (4 cm de diamètre) et les déposer sur une plaque à pâtisserie chemisée de papier sulfurisé. Faire cuire au four à mi-hauteur pendant environ 10 minutes.

3 Faire fondre la graisse de noix de coco et laisser refroidir. Y incorporer le sucre glace, le cacao, le sucre vanillé restant, le rhum et l'œuf. Incorporer délicatement les amandes en bâtonnets au mélange de cacao. Dresser la masse en forme de monticule sur les biscuits ronds.

4 Faire fondre le chocolat de couverture au bain-marie chaud, napper les rochers par-dessus et laisser sécher.

Cookies croquants

Pour 40 petits gâteaux

100 g de noix de pécan hachées
200 g de sucre en poudre
2 c.s. de sirop d'érable
125 g de farine
1 jaune d'œuf
1 pincée de sel
100 g de beurre ramolli

Farine pour le plan de travail

Temps de préparation :
50 minutes
(Temps de réfrigération, de refroidissement et de cuisson en sus)

1 Pour la nougatine, faire griller les noix de pécan dans une poêle jusqu'à ce qu'elles soient légèrement dorées, puis les laisser refroidir dans une assiette. Faire fondre lentement et à petit feu 150 g de sucre avec le sirop d'érable dans une poêle anti-adhésive jusqu'à obtenir un caramel blond. Incorporer rapidement les noix de pécan, étaler la masse en fine couche sur une feuille de papier en aluminium beurrée et laisser refroidir. Ensuite, hacher finement la nougatine.

2 Tamiser la farine sur un plan de travail et creuser un puits au milieu. Y répartir le jaune d'œuf, le restant de sucre, le sel et le beurre ramolli en petits morceaux.

3 Ajouter la nougatine, pétrir tous les ingrédients jusqu'à obtenir une pâte homogène et former une boule. Envelopper dans un film alimentaire et laisser reposer au réfrigérateur pendant 30 minutes.

4 Préchauffer le four à 200 °C (chaleur tournante 180 °C). Sur un plan de travail légèrement enfariné, étaler la pâte au rouleau sur environ 4 mm d'épaisseur et découper des ronds de pâte à l'emporte-pièce. Déposer les cookies sur des plaques à pâtisserie chemisées de papier sulfurisé et faire cuire 10 minutes. Laisser refroidir sur une grille.

Biscuits cerise-chocolat

Pour 30 petits gâteaux

100 g de chocolat blanc
135 g de farine
½ c.c. de levure chimique
½ c.c. de cannelle moulue
1 pincée de sel
85 g de beurre
65 g de sucre
60 g de cassonade
Graines d'une demi-gousse de vanille
1 c.s. de lait
1 œuf
40 g de griottes séchées
40 g de canneberges séchées

Temps de préparation : 25 minutes
(Temps de cuisson en sus)

1 Chemiser deux plaques à pâtisserie de papier sulfurisé. Préchauffer le four à 190 °C (avec chaleur tournante à 170 °C). Hacher finement le chocolat blanc. Dans une terrine, mélanger la farine, la levure chimique, la cannelle et le sel.

2 Faire fondre le beurre dans une casserole à petit feu et retirer du feu. Puis incorporer le sucre et la cassonade au beurre fondu et remuer jusqu'à ce que le sucre soit dissous. Incorporer alors l'un après l'autre les graines de vanille, le lait et l'œuf. Verser la masse dans la préparation de farine et remuer, ensuite incorporer le chocolat haché, les griottes et les canneberges en soulevant délicatement la masse.

3 Déposer la pâte par cuillerées à soupe sur le papier sulfurisé à environ 5 cm d'intervalle et faire cuire pendant 12 à 15 minutes. Laisser refroidir sur une grille.

Cœurs amandes-amaretto

Pour 35 petits gâteaux

50 g de sucre
30 g de fécule
1 pincée de safran moulu
125 g de farine
100 g de beurre
2 c.s. d'amaretto
1 œuf
2 c.s. d'amandes en poudre

Farine pour le plan de travail

Temps de préparation :
30 minutes
(Temps de réfrigération et de cuisson en sus)

1 Mélanger 30 g de sucre, la fécule, le safran et la farine. Couper le beurre en petits dés et pétrir le tout, ajouter l'amaretto. Envelopper la pâte dans un film alimentaire et laisser reposer au réfrigérateur pendant environ 1 heure.

2 Préchauffer le four à 175 °C (chaleur tournante 155 °C). Sur un plan de travail enfariné, étaler la pâte au rouleau sur 4 mm d'épaisseur et découper des cœurs à l'emporte-pièce. Séparer le jaune du blanc d'œuf, ensuite battre le blanc d'œuf et le mélanger avec le restant de sucre et les amandes.

3 Badigeonner de jaune d'œuf les petits gâteaux et les rouler dans le mélange de sucre et d'amandes. Les déposer sur une plaque à pâtisserie chemisée de papier sulfurisé et faire cuire au four pendant environ 12 à 14 minutes.

Palets
macadamia-cerise

Pour 20 petits gâteaux

Pour la pâte
125 g de farine
1 jaune d'œuf
50 g de sucre en poudre
1 pincée de sel
100 g de beurre ramolli
Graines d'1 gousse de vanille
200 g de noix de macadamia

Pour la garniture
½ bocal de cerises amarena
200 g de gelée de framboises
2 c.s. d'eau de vie de framboise

Temps de préparation : 1 heure (Temps réfrigération et de cuisson en sus)

1 Tamiser la farine sur un plan de travail et creuser un puits au milieu. Y répartir le jaune d'œuf, le sucre, le sel et le beurre en petits morceaux.

2 Pétrir rapidement tous les ingrédients jusqu'à obtenir une pâte homogène et former un rouleau d'environ 20 cm de long. Concasser les noix de macadamia et y rouler le rouleau de pâte dedans. Envelopper la pâte serrée dans un film alimentaire et laisser reposer au réfrigérateur pendant environ 30 minutes.

3 Préchauffer le four à 200 °C (chaleur tournante 180 °C). Couper la pâte en tranches d'environ 1 cm d'épaisseur et déposer les palets sur des plaques à pâtisserie chemisées de papier sulfurisé. Faire cuire pendant 10 à 13 minutes jusqu'à ce qu'ils soient dorés. Laisser refroidir sur une grille.

4 Laisser bien égoutter les cerises amarena, recueillir le sirop. Porter à ébullition la gelée de framboises avec le sirop amarena et l'eau de vie de framboise, laisser frémir à petit feu pendant 5 minutes en remuant. Napper les palets uniformément de gelée (1 c.c. chacun) et les garnir d'une cerise amarena. Laisser sécher.

Croissants aux amandes

Pour 50 petits gâteaux

125 g de sucre
1 sachet de sucre vanillé
3 jaunes d'œufs
200 g de beurre
250 g de farine de blé
1 pointe de couteau de levure chimique
125 g d'amandes en poudre
1 blanc d'œuf
125 g d'amandes effilées
100 g de chocolat de couverture noir

Farine pour le plan de travail

Temps de préparation : 40 minutes (Temps de cuisson et de refroidissement en sus)

1 Mélanger le sucre et le sucre vanillé et remuer dans une terrine avec les jaunes d'œufs et le beurre. Mélanger la farine et la levure chimique et tamiser par-dessus. Y ajouter les amandes. Pétrir le tout au batteur électrique (crochet pétrisseur) jusqu'à obtenir une pâte lisse. Bien malaxer la pâte avec les mains sur un plan de travail enfariné et former des rouleaux de l'épaisseur d'un crayon.

2 Préchauffer le four à 180 °C (chaleur tournante 160 °C). Couper les rouleaux en morceaux d'environ 6 cm de long. Aplatir légèrement chaque morceau et lui donner la forme d'un petit croissant.

3 Chemiser deux plaques à pâtisserie de papier sulfurisé et y déposer les petits croissants. Badigeonner du blanc d'œuf battu et garnir d'amandes effilées. Faire cuire au four pendant 15 minutes.

4 Laisser refroidir les petits croissants après la cuisson. Pendant ce temps, faire fondre le chocolat de couverture dans une casserole et tremper les deux extrémités des croissants dans le chocolat fondu. Laisser refroidir.

Demi-lunes à la macadamia

Pour 40 petits gâteaux

125 g de farine
1 jaune d'œuf
80 g de sucre en poudre
1 pincée de sel
130 g de beurre ramolli
1 blanc d'œuf
Zeste d'1 citron râpé non traité
100 g de noix de macadamia en poudre
40 g de gelée de coings
80 g de sucre glace
3 c.s. de jus de citron

Farine pour le plan de travail

Temps de préparation :
50 minutes
(Temps de réfrigération et de repos en sus)

1 Tamiser la farine sur un plan de travail et creuser un puits au milieu. Y répartir le jaune d'œuf, le sucre, le sel, le beurre en morceaux, le blanc d'œuf, le zeste de citron et les noix de macadamia.

2 Malaxer rapidement tous les ingrédients avec les doigts froids jusqu'à obtenir une pâte lisse et former une boule. Envelopper dans un film alimentaire et laisser reposer au réfrigérateur 30 minutes.

3 Préchauffer le four à 160 °C (chaleur tournante 140 °C). Sur un plan de travail enfariné, étaler la pâte au rouleau sur environ 5 mm d'épaisseur. Découper des petits gâteaux à l'emporte-pièce en forme de demi-lune jusqu'à ce qu'il n'y ait plus de pâte de reste. Déposer les demi-lunes sur des plaques à pâtisserie chemisées de papier sulfurisé.

4 Mélanger la gelée, le sucre glace et le jus de citron en remuant et mettre à chauffer légèrement à feu doux dans une casserole. Napper les demi-lunes et les faire cuire pendant 15 minutes.

Conseil :

On peut tremper les demi-lunes refroidies dans du chocolat de couverture blanc fondu au bain-marie.

Cœurs à la pâte d'amandes et aux amandes

Pour 60 petits gâteaux

150 g de farine
1 c.c. de levure chimique
1 pointe de couteau de sel
280 g de sucre glace
1 sachet de sucre vanillé
150 g d'amandes
2 c.s. de lait
125 g de beurre
200 g de pâte d'amandes crue
5 c.s. de gelée de groseilles
2 c.s. de jus de citron

50 g de pistaches hachées
Farine pour le plan de travail

Temps de préparation : 45 minutes
(Temps de réfrigération et de cuisson en sus)

1 Tamiser la farine et la levure dans un bol mélangeur. Ajouter le sel, 80 g de sucre glace, le sucre vanillé, les amandes décortiquées et émondées et le lait. Incorporer le beurre en petits morceaux.

2 Bien travailler tous les ingrédients au batteur électrique (crochet pétrisseur). Pétrir sur un plan de travail enfariné jusqu'à obtenir une pâte lisse. Mettre la pâte au frais pendant 1 heure.

3 Préchauffer le four à 180 °C (chaleur tournante 160 °C). Étaler la pâte au rouleau en une couche fine, découper des cœurs à l'emporte-pièce et les déposer sur une plaque à pâtisserie. Faire cuire au four à mi-hauteur pendant environ 10 minutes.

4 Pour la garniture, pétrir la pâte d'amandes avec 100 g de sucre glace tamisé, l'étaler en couche mince. Découper des cœurs à l'emporte-pièce dans la dimension des cœurs aux amandes. Napper les cœurs aux amandes refroidies d'une fine couche de gelée et poser par-dessus les cœurs à la pâte d'amandes.

5 Pour le glaçage, tamiser le sucre glace restant et délayer avec le jus de citron pour obtenir une masse lisse. Napper les petits cœurs de glaçage et les garnir de pistaches.

Triangles aux noisettes

Pour 50 petits gâteaux

Pour la pâte
125 g de farine
1 jaune d'œuf
50 g de sucre en poudre
1 pincée de sel
100 g de beurre ramolli
15 g de noisettes en poudre

Pour la garniture
50 g de beurre
120 g de sucre
60 ml de sirop de betterave à sucre
100 ml de crème liquide
100 g de noisettes en poudre
300 g de noisettes hachées
150 g de chocolat de couverture noir (70 % de teneur en cacao)

Farine pour le plan de travail

Temps de préparation : 55 minutes (Temps de réfrigération et de cuisson en sus)

1 Malaxer rapidement tous les ingrédients avec les doigts froids de préférence jusqu'à obtenir une pâte homogène et former une boule. Envelopper la boule de pâte dans un film alimentaire et laisser reposer au réfrigérateur pendant 1 heure.

2 Préchauffer le four à 180 °C (chaleur tournante 160 °C) et chemiser une plaque à pâtisserie de papier sulfurisé. Sur un plan de travail légèrement enfariné, étaler la pâte aux dimensions de la plaque et la poser sur du papier sulfurisé.

3 Pour la garniture, chauffer le beurre, le sucre, le sirop et la crème liquide dans une casserole et laisser frémir pendant environ 4 minutes. Veiller à ce que la coloration de la préparation ne soit pas trop foncée. Retirer la casserole du feu et incorporer les noisettes en remuant.

4 Étaler la nougatine sur la pâte en lissant la surface et faire cuire au dernier cran du four pendant 20 minutes. Laisser refroidir un peu et à l'aide d'un couteau bien aiguisé découper environ 50 petits triangles. Laisser refroidir sur une grille.

5 Concasser grossièrement le chocolat de couverture et faire fondre au bain-marie chaud. Tremper la pointe de chaque triangle dans le chocolat fondu et laisser sécher sur une grille.

Palets au gingembre et aux pistaches

Pour 30 petits gâteaux

50 g de gingembre macéré dans du sirop
250 g de farine
1 c.c. de levure chimique
150 g de sucre
1 sachet de sucre vanillé
1 pincée de sel
1 œuf
50 g d'amandes émondées, en poudre
200 g de beurre ramolli
1 jaune d'œuf
2 c.s. de lait

50 g de pistaches hachées pour la décoration
Farine pour le plan de travail

Temps de préparation :
30 minutes
(Temps de réfrigération et de cuisson en sus)

1 Hacher finement le gingembre. Tamiser la farine avec la levure chimique dans un bol mélangeur. Y ajouter le sucre, le sucre vanillé, le sel, l'œuf, le gingembre et les amandes. Couper le beurre en morceaux et l'incorporer.

2 Bien travailler les ingrédients au batteur électrique (crochet pétrisseur). Pétrir sur un plan de travail enfariné jusqu'à obtenir une pâte lisse. Mettre la pâte au frais pendant environ 1 heure.

3 Préchauffer le four à 180 °C (chaleur tournante 160 °C). Étaler la pâte au rouleau sur ½ cm d'épaisseur. Découper des petits gâteaux ronds (3 cm de diamètre) à l'emporte-pièce et les poser sur une plaque à pâtisserie chemisée de papier sulfurisé.

4 Délayer le jaune d'œuf avec le lait, badigeonner les palets et parsemer de pistaches. Faire cuire au four à mi-hauteur pendant environ 15 minutes.

Triangles aux amandes à la gelée de groseilles

Pour 60 petits gâteaux

300 g de farine
250 g de beurre
200 g de sucre
1 œuf
4 c.s. de gelée de groseilles
100 ml de crème liquide
100 g d'amandes en bâtonnets
200 g de chocolat de couverture blanc

Farine pour le plan de travail

Temps de préparation : 45 minutes
(Temps de réfrigération et de cuisson en sus)

1 Tamiser la farine dans une terrine. Puis couper 200 g de beurre en morceaux et l'incorporer. Ajouter également 100 g de sucre et l'œuf, et pétrir le tout jusqu'à obtenir une pâte lisse. Mettre la pâte au frais pendant environ 1 heure.

2 Préchauffer le four à 200 °C (chaleur tournante 180 °C). Sur un plan de travail enfariné, étaler la pâte au rouleau en couche mince, l'étendre ensuite sur une plaque à pâtisserie chemisée de papier sulfurisé. Puis, napper d'une fine couche de gelée.

3 Chauffer le restant de beurre avec la crème liquide et le restant de sucre en remuant. Y verser les amandes en bâtonnets et faire cuire le tout jusqu'à obtenir une pâte épaisse. Répartir cette préparation aux amandes tiède sur la pâte. Faire cuire au four à mi-hauteur pendant environ 15 minutes.

4 Découper la pâte encore chaude en triangles. Faire fondre le chocolat de couverture au bain-marie chaud, tremper les pointes des triangles dans le chocolat fondu et laisser sécher sur une grille à pâtisserie.

Croustillants à la pâte d'amandes

Pour 40 petits gâteaux

Pour la pâte
125 g de farine
1 jaune d'œuf
50 g de sucre en poudre
1 pincée de sel
100 g de beurre ramolli

Pour la garniture
200 g de pâte d'amandes crue
2 blancs d'œufs
3 c.s. de sucre glace
150 g d'amandes effilées

Farine pour le plan de travail

Temps de préparation : 50 minutes (Temps de réfrigération et de cuisson en sus)

1 Tamiser la farine sur un plan de travail et creuser un puits au milieu. Y répartir le jaune d'œuf, le sucre, le sel et le beurre ramolli en petits morceaux. Pétrir rapidement tous les ingrédients jusqu'à obtenir une pâte homogène et former une boule. Envelopper dans un film alimentaire et laisser reposer 30 minutes au réfrigérateur.

2 Préchauffer le four à 180 °C (chaleur tournante 160 °C). Sur un plan de travail légèrement enfariné, étaler la pâte au rouleau sur 3 à 4 mm d'épaisseur et découper à l'emporte-pièce des petits gâteaux ronds.

3 Déposer les petits gâteaux sur des plaques à pâtisserie chemisées de papier sulfurisé. Étaler au rouleau la pâte d'amandes crue, découper à l'emporte-pièce le même nombre et la même forme que les petits gâteaux et superposer ensuite sur les croustillants.

4 Battre légèrement les blancs d'œufs au fouet jusqu'à ce qu'ils blanchissent, y verser le sucre glace en remuant et répartir sur les petits gâteaux. Parsemer dessus d'amandes effilées. Faire cuire au four pendant 10 à 15 minutes jusqu'à ce qu'ils soient dorés et laisser refroidir sur une grille.

Biscuits fourrés aux pistaches

Pour 60 petits gâteaux

125 g de miel
55 g de sucre
250 g de farine
4 c.s. de rhum (à défaut du jus d'orange)
2 c.c. d'épices à pain d'épice
½ c.c de potasse
1 blanc d'œuf
70 g de pistaches
200 g de pâte d'amandes crue
2 c.c. de gomme arabique (en pharmacie)

Farine pour le plan de travail

Temps de préparation :
50 minutes
(Temps de réfrigération et de repos en sus)

1 Chauffer le miel, 50 g de sucre et 5 c.s. d'eau jusqu'à dissolution du sucre, laisser refroidir. Dans une terrine, mettre la farine, la préparation au miel, 2 c.s. de rhum et les épices. Délayer la potasse dans 2 c.c. de blanc d'œuf, l'ajouter et pétrir le tout au batteur électrique (crochet pétrisseur) jusqu'à obtenir une pâte lisse. Envelopper dans un film alimentaire et mettre au frais pendant 30 minutes.

2 Moudre finement 50 g de pistaches, y ajouter la pâte d'amandes émiettée et le rhum restant et pétrir jusqu'à obtenir une masse lisse. Former 2 rouleaux de 40 cm de long chacun. Sur un plan de travail enfariné, étaler la pâte au rouleau pour former un rectangle de 40 x 15 cm, la partager dans le sens de la longueur et la badigeonner de blanc d'œuf. Enrouler 1 rouleau de pâte d'amandes dans chaque bande de pâte et mettre au frais pendant 1 heure.

3 Hacher les pistaches restantes. Couper les rouleaux en morceaux de 2 cm de long, les déposer sur des plaques à pâtisserie chemisées de papier sulfurisé. Faire cuire 10 minutes à l'avant-dernière cran du four à 180 °C (chaleur tournante 160 °C) dans le four préchauffé. Porter une fois à ébullition la gomme arabique, le restant de sucre et 3 c.s. d'eau en remuant, appliquer le glaçage chaud sur les biscuits, parsemer de pistaches et laisser refroidir.

Tricornes au chocolat

Pour 40 petits gâteaux

Pour la pâte
125 g de farine
1 jaune d'œuf
50 g de sucre en poudre
1 pincée de sel
100 g de beurre ramolli
20 g de chocolat noir

Pour la garniture
160 g de pâte d'amandes crue
30 g de chocolat noir
30 g d'amandes hachées
1 blanc d'œuf

1 jaune d'œuf pour badigeonner
1 c.s. de lait pour badigeonner
Farine pour le plan de travail

Temps de préparation : 40 minutes (Temps de réfrigération et de cuisson en sus)

1 Disposer la farine en tas sur un plan de travail et creuser un puits au milieu. Y répartir le jaune d'œuf, le sucre, le sel et le beurre ramolli en petits morceaux. Râper finement le chocolat et l'incorporer. Pétrir rapidement tous les ingrédients jusqu'à obtenir une pâte homogène et former une boule. Envelopper dans un film alimentaire et laisser reposer 30 minutes au réfrigérateur.

2 Entre-temps, hacher grossièrement la pâte d'amandes et râper finement le chocolat pour la garniture. Ajouter les amandes et le blanc d'œuf et passer au mixeur pour obtenir une masse lisse.

3 Préchauffer le four à 200 °C (chaleur tournante 180 °C). Sur un plan de travail légèrement enfariné, étaler la pâte au rouleau sur 3 à 4 mm d'épaisseur et en découper des cercles à l'emporte-pièce d'environ 5 cm de diamètre. Déposer 1 boule de pâte d'amandes de la grosseur d'une cerise sur chaque cercle et rabattre trois coins de pâte.

4 Déposer les tricornes sur des plaques à pâtisserie chemisées de papier sulfurisé, badigeonner de jaune et de lait battus et faire cuire pendant 12 minutes. Laisser refroidir sur une grille.

Étoiles au poivre et chocolat

Pour 70 petits gâteaux

150 g de beurre
50 g de pâte d'amandes crue
100 g de sucre
1 sachet de sucre vanillé
1 pincée de sel
1 pointe de couteau de noix muscade en poudre
1 c.s. de liqueur d'orange
1 œuf
300 g de farine
1 c.c. de levure chimique
50 g de cacao
200 g de chocolat de couverture blanc
4 c.s. de poivre rouge

Farine pour le plan de travail

Temps de préparation : 45 minutes (temps de cuisson et de repos en sus)

1 Pétrir le beurre avec la pâte d'amandes, le sucre, le sucre vanillé, le sel, la noix muscade, la liqueur d'orange et l'œuf. Mélanger la farine, la levure chimique et le cacao et les passer au tamis. Pétrir le tout jusqu'à obtenir une pâte lisse. Envelopper la pâte dans un film alimentaire et laisser reposer au réfrigérateur pendant 30 minutes.

2 Préchauffer le four à 180 °C (chaleur tournante 160 °C). Sur un plan de travail enfariné, étaler la pâte au rouleau entre deux films alimentaires sur environ 3 mm d'épaisseur et découper des étoiles à l'emporte-pièce. Chemiser deux plaques à pâtisserie de papier sulfurisé et y déposer les étoiles. Faire cuire au four pendant 12 à 15 minutes. Laisser refroidir sur le papier.

3 Faire fondre le chocolat de couverture dans une casserole en remuant. En badigeonner les étoiles. Garnir chaque étoile de 3 à 4 grains de poivre rouge et laisser sécher.

Biscuits choco-menthe

Pour 40 petits gâteaux

Pour la pâte
125 g de farine
1 jaune d'œuf
50 g de sucre en poudre
1 pincée de sel
100 g de beurre ramolli
50 g de cacao en poudre non sucré

Pour le glaçage
200 g de sucre glace
Quelques gouttes d'essence de menthe poivrée
Quelques gouttes de colorant alimentaire vert
50 g de pastilles à la menthe blanches et dures à croquer

Farine pour le plan de travail

Temps de préparation : 40 minutes (Temps de réfrigération et de cuisson sus)

1 Tamiser la farine sur un plan de travail et creuser un puits au milieu. Y répartir le jaune d'œuf, le sucre, le sel, le beurre ramolli en petits morceaux et le cacao en poudre.

2 Pétrir rapidement tous les ingrédients jusqu'à obtenir une pâte lisse et former une boule. Envelopper la boule dans un film alimentaire et laisser reposer pendant 30 minutes au réfrigérateur.

3 Préchauffer le four à 200 °C (chaleur tournante 180 °C). Sur un plan de travail légèrement enfariné, étaler la pâte au rouleau sur environ 4 mm d'épaisseur et découper au choix des petits gâteaux à l'emporte-pièce jusqu'à utiliser toute la pâte.

4 Déposer les petits gâteaux sur des plaques à pâtisserie chemisées de papier sulfurisé et faire cuire au four pendant environ 10 minutes. Laisser refroidir sur une grille.

5 Délayer le sucre glace dans 1 à 2 c.s. d'eau, l'essence de menthe poivrée et le colorant alimentaire et remuer pour obtenir un glaçage épais et lisse. Concasser les pastilles à la menthe. Décorer les biscuits avec le glaçage et les éclats de bonbons et laisser sécher.

Biscuits à l'expresso et au cacao

Pour 35 petits gâteaux

125 g de beurre
100 g de sucre
1 sachet de sucre vanillé
1 pincée de sel
2 à 3 c.s. d'expresso froid
200 g de farine
½ c.c. de carbonate d'ammonium
1 c.s. de cacao en poudre

50 g de sucre en grains
Sucre glace pour saupoudrer

Temps de préparation :
20 minutes
(Temps de cuisson en sus)

1 Préchauffer le four à 180 °C (chaleur tournante 160 °C). Chemiser une plaque à pâtisserie de papier sulfurisé. Travailler le beurre, le sucre, le sucre vanillé et le sel au fouet électrique jusqu'à obtenir un mélange crémeux. Y incorporer l'expresso. Mélanger la farine, le carbonate d'ammonium et le cacao en poudre, passer au tamis et l'incorporer au fur et à mesure à la préparation au beurre.

2 À l'aide de deux cuillères à soupe, former environ 35 boules de pâte de la grosseur d'une noix. Les déposer sur la plaque à pâtisserie à grands intervalles et appuyer pour les aplatir. Parsemer de sucre en grains et faire cuire au four à mi-hauteur pendant environ 8 minutes. Laisser refroidir sur une grille à pâtisserie.

Palets au chocolat

Pour 40 petits gâteaux

40 g de sucre glace
1 jaune d'œuf
75 g de chocolat noir
(70 % de teneur en cacao)
75 g de beurre froid
110 g de farine
½ c.s. de cacao en poudre
½ c.s. de café soluble
150 g de chocolat de
couverture blanc

Temps de préparation :
40 minutes
(Temps de réfrigération et de
repos en sus)

1 Passer au tamis le sucre glace et mélanger au jaune d'œuf à l'aide d'une fourchette. Râper finement le chocolat. Ajouter le chocolat et le beurre en petits flocons au jaune d'œuf et mélanger ensemble brièvement. Tamiser par-dessus la farine, le cacao et le café et pétrir rapidement pour obtenir une pâte lisse. Former un rouleau de pâte d'environ 4 cm de diamètre, l'envelopper dans un film alimentaire et le mettre au frais pendant 2 heures.

2 Préchauffer le four à 175 °C (chaleur tournante 155 °C). Chemiser des plaques à pâtisserie de papier sulfurisé. Couper le rouleau de pâte en tranches d'environ 3 mm d'épaisseur. Répartir les palets sur la plaque à un intervalle suffisant et faire cuire au four pendant 10 à 12 minutes. Laisser refroidir sur une grille.

3 Râper finement 50 g de chocolat de couverture, faire fondre le restant au bain-marie chaud. Retirer du bain-marie et remuer le chocolat râpé pour le tempérer. Tremper rapidement les palets à moitié dans le chocolat. Les laisser sur une grille pour que la couverture se solidifie complètement.

Palets aux noix
et au sucre vanillé

Pour 80 petits gâteaux

180 g de farine
70 g de fécule
1 c.c. de levure chimique
125 g de beurre
120 g de sucre
1 sachet de sucre vanillé
3 gouttes d'arôme d'amande amère
1 œuf
100 g de noix en poudre
1 blanc d'œuf
Env. 80 cerneaux de noix (env. 200 g)

Temps de préparation : 40 minutes
(Temps de réfrigération et de cuisson en sus)

1 Tamiser la farine, la fécule et la levure chimique dans une terrine. Y incorporer le beurre en petits flocons, le sucre, sucre vanillé, l'arôme d'amande amère, l'œuf et les noix en poudre. Pétrir au batteur électrique (crochet pétrisseur) jusqu'à obtenir une pâte lisse.

2 Former 2 rouleaux de pâte de 20 cm de long chacun. Recouvrir et mettre au frais pendant 4 heures. Couper les rouleaux en tranches d'environ ½ cm d'épaisseur. Déposer les palets sur des plaques à pâtisserie chemisées de papier sulfurisé. Badigeonner de blanc d'œuf, garnir d'un cerneau de noix chacun.

3 Faire cuire les palets aux noix pendant 12 minutes à l'avant-dernier cran du four à 200 °C (avec chaleur tournante de 8 à 10 minutes à 180 °C) dans le four préchauffé. Une fois bien refroidis les mettre dans une boîte hermétique.

Biscuits pêche-chocolat

Pour 35 petits gâteaux

Pour la pâte
175 g de farine
1 jaune d'œuf
50 g de sucre en poudre
1 pincée de sel
100 g de beurre ramolli
3 c.s. de liqueur de pêche
2 c.s. de pêches séchées finement hachées
20 g de chocolat râpé noir amer

Pour le glaçage
100 g de confiture de pêches
2 c.s. de liqueur de pêche
200 g de chocolat de couverture noir amer

Farine pour le plan de travail

Temps de préparation : 30 minutes
(Temps de réfrigération, de cuisson et de séchage en sus)

1 Mélanger tous les ingrédients pour la pâte dans une terrine. Pétrir rapidement jusqu'à obtenir une pâte lisse. Envelopper dans un film alimentaire et mettre au frais pendant environ 30 minutes.

2 Préchauffer le four à 160 °C (chaleur tournante 140 °C). Chemiser une plaque à pâtisserie de papier sulfurisé. Sur un plan de travail enfariné, façonner des petites boules de pâte de la grosseur d'une noisette.

3 Répartir les petites boules sur la plaque. Les aplatir légèrement avec une fourchette. Faire cuire au four à mi-hauteur pendant environ 10 minutes. Les sortir du four et les laisser refroidir.

4 Pour le glaçage, chauffer la confiture de pêches et remuer avec la liqueur de pêche jusqu'à obtenir une consistance homogène. Enduire les petits gâteaux de confiture et laisser sécher. Concasser le chocolat de couverture et le faire fondre au bain-marie chaud. Enduire les petits gâteaux de chocolat et laisser refroidir pour que la couverture se solidifie complètement.

Boules à la cannelle
et aux noisettes

Pour 50 petits gâteaux

3 blancs d'œufs
250 g de sucre glace
1 sachet de sucre vanillé
1 c.c. de cannelle
300 g de noisettes en poudre
Env. 50 noisettes entières

Temps de préparation :
15 minutes
(Temps de cuisson en sus)

1 Battre les blancs en neige. Verser en pluie le sucre glace et le sucre vanillé tout en continuant de fouetter. Réserver environ 4 c.s. du mélange. Incorporer la cannelle et les noisettes en poudre au restant des blancs en neige.

2 Avec les mains mouillées, former des boules de la grosseur d'une noix avec le mélange. Les déposer sur des plaques à pâtisserie chemisées de papier sulfurisé et creuser dans chacune d'elles un petit puits avec le manche d'une cuillère en bois.

3 Déposer un peu des blancs en neige restants sur chaque boule et poser une noisette dans chaque creux. Faire cuire pendant 25 à 30 minutes à 125 °C (chaleur tournante 105 °C) dans le four préchauffé. Laisser refroidir sur des grilles.

Sablés noirs au beurre

Pour 50 petits gâteaux

230 g de beurre
30 g de chocolat de couverture noir (70 % de teneur en cacao)
250 g de sucre
2 pincées de sel de mer
400 g de farine
4 c.s. de cacao en poudre

4 c.s. de sucre pour rouler les biscuits

Temps de préparation : 35 minutes (Temps de réfrigération et de cuisson en sus)

1 Faire brunir légèrement le beurre dans une poêle. Concasser le chocolat en morceaux et le faire fondre avec le beurre. Mettre le mélange dans une terrine et laisser raffermir au réfrigérateur. Travailler le mélange beurre-chocolat en mousse au batteur électrique, y incorporer le sucre et le sel.

2 Mélanger la farine au cacao en poudre et passer au tamis sur la préparation au chocolat. Tout d'abord, mélanger avec le crochet pétrisseur pour obtenir une masse qui s'effrite ensuite pétrir rapidement pour former une pâte lisse. Former un rouleau de pâte d'environ 6 cm de diamètre, le rouler dans le restant de sucre. Envelopper dans un film alimentaire et mettre au frais pendant 1 heure.

3 Préchauffer le four à 180 °C (chaleur tournante 160 °C). Couper le rouleau de pâte en 50 tranches, déposer sur les plaques à pâtisserie chemisées de papier sulfurisé et faire cuire 15 à 18 minutes.

Conseil :

Pour faire les sablés traditionnels, prenez 250 g de beurre et omettez le chocolat et le cacao. Ou préparez des sablés marbrés en pétrissant ensemble brièvement une moitié de pâte claire et une moitié de pâte foncée.

Croissants aux noix

Pour 35 petits gâteaux

60 g de noix en poudre
1 c.s. de vinaigre balsamique
170 g de farine
1 jaune d'œuf
70 g de sucre en poudre
1 pincée de sel
100 g de beurre ramolli

40 g de sucre glace pour saupoudrer

Temps de préparation : 50 minutes (Temps de macération, de réfrigération et de cuisson en sus)

1 Dans une casserole, chauffer les noix avec le vinaigre balsamique tout en remuant. Mettre dans une assiette, recouvrir et laisser macérer à la température ambiante pendant la nuit.

2 Mélanger les noix macérées avec tous les autres ingrédients pour la pâte et pétrir rapidement jusqu'à obtenir une pâte lisse. Former un rouleau de pâte et mettre au frais pendant environ 1 heure.

3 Préchauffer le four à 180 °C (chaleur tournante 160 °C). Couper le rouleau de pâte en tranches égales et leur donner la forme d'un petit croissant.

4 Déposer les petits croissants sur des plaques à pâtisserie chemisées de papier sulfurisé et faire cuire au four pendant environ 10 minutes jusqu'à ce qu'ils soient dorés. Enlever les croissants délicatement de la plaque, les déposer sur une grille et les saupoudrer de sucre glace lorsqu'ils sont encore chauds.

Cœurs au mocca

Pour 50 petits gâteaux

100 g de pâte d'amandes crue
150 g de beurre
250 g de farine
150 g de sucre glace
2 jaunes d'œufs
1 sachet de sucre vanillé
150 g de chocolat au mocca
1 c.s. de rhum
100 g de mascarpone
300 g de glaçage au café

Pistaches hachées pour la décoration

Temps de préparation :
50 minutes
(Temps de réfrigération, de cuisson et de refroidissement en sus)

1 Couper la pâte d'amandes en petits morceaux et mélanger avec 120 g de beurre jusqu'à obtenir une préparation crémeuse. Tamiser par-dessus la farine et 100 g de sucre glace. Y incorporer les jaunes d'œufs et le sucre vanillé et pétrir l'ensemble. Envelopper la pâte dans un film alimentaire et mettre au frais pendant 30 minutes.

2 Chemiser une plaque de papier sulfurisé. Préchauffer le four à 200 °C (chaleur tournante 180 °C). Étaler la pâte au rouleau entre 2 feuilles de film alimentaire sur ½ cm d'epaisseur. Découper à l'emporte-pièce 100 cœurs de 4 cm de diamètre, dorer déposer sur la plaque et faire dorer au four 8 à 10 minutes. Laisser refroidir sur une grille.

3 Casser en petits morceaux le chocolat et faire fondre au bain-marie chaud. Battre le restant de beurre de sucre glace, le rhum et le mascarpone jusqu'à obtenir une masse crémeuse. Y incorporer le chocolat fondu par cuillerées et bien mélanger. En remplir une poche à douille et la mettre au frais jusqu'à ce que la crème soit prise. Déposer un peu de crème sur la moitié des cœurs et recouvrir d'un autre cœur. Préparer le glaçage au café en suivant les instructions figurant sur l'emballage. En napper les petits cœurs décorer avec des pistaches.

Biscuits aux épices et aux noix de pécan

Pour 60 petits gâteaux

1 orange non traitée
125 g de beurre
100 g de cassonade
60 g de sirop d'érable
100 g de noix de pécan
250 g de farine
¼ c.c. d'anis moulu
¼ c.c. de gingembre moulu
¼ c.c. de cardamome moulue
½ c.c. de cannelle moulue
150 à 200 g de chocolat de couverture noir amer

Temps de préparation : 45 minutes
(Temps de réfrigération et de cuisson en sus)

1 Laver l'orange à l'eau très chaude, l'éponger et râper finement le zeste. Porter à ébullition le beurre, la cassonade et le sirop d'érable tout en remuant. Hacher finement les noix et les incorporer au mélange de sirop. Laisser refroidir. Mélanger la farine, les épices et le zeste d'orange. L'ajouter à la préparation au sirop, pétrir l'ensemble tout d'abord au batteur électrique (crochet pétrisseur), ensuite travailler la pâte rapidement avec les mains froides. Former un rouleau de pâte d'environ 4 cm de diamètre. Envelopper dans une feuille de papier aluminium et mettre au frais pendant la nuit.

2 Préchauffer le four à 200 °C (chaleur tournante 180 °C). Chemiser une plaque de papier sulfurisé. Découper des tranches du rouleau de pâte d'environ ½ cm d'épaisseur et les déposer sur la plaque. Envelopper le restant de pâte et remettre au frais. Faire cuire les biscuits au four pendant 8 à 10 minutes. Découper également en tranches le restant de pâte et faire cuire au four. Laisser refroidir.

3 Concasser grossièrement le chocolat de couverture et faire fondre au bain-marie chaud. Tremper les biscuits à moitié dans le chocolat de couverture, égoutter et laisser sécher sur une grille.

Palets orange et noix de coco

Pour 50 petits gâteaux

Pour la pâte
50 g d'écorce d'orange confite
250 g de farine
120 g de beurre
100 g de sucre
1 œuf
1 c.c. de zeste râpé d'une orange non traitée

Pour la meringue
2 blancs d'œufs
50 g de sucre
75 g de sucre glace
15 g de fécule

1 jaune d'œuf pour badigeonner
2 à 3 c.s. de lait
50 g copeaux de noix de coco
Farine pour le plan de travail

Temps de préparation : 50 minutes (Temps de réfrigération et de cuisson en sus)

1 Couper en dés très fin l'écorce d'orange confite. Tamiser la farine dans une terrine. Couper le beurre en morceaux et l'incorporer. Ajouter le sucre, l'œuf et le zeste d'orange et pétrir l'ensemble jusqu'à obtenir une pâte lisse. Mettre la pâte au frais pendant environ 1 heure.

2 Préchauffer le four à 160 °C (chaleur tournante 140 °C). Sur un plan de travail enfariné, étaler la pâte au rouleau sur ½ cm d'épaisseur. Découper des palets à l'emporte-pièce (environ 3 cm de diamètre) et les déposer sur une plaque à pâtisserie chemisée de papier sulfurisé. Délayer le jaune d'œuf dans le lait et badigeonner les palets. Parsemer ensuite de copeaux de noix de coco.

3 Pour le chapeau meringué, battre les blancs en neige, verser le sucre en pluie. Mélanger le sucre glace et la fécule puis incorporer aux blancs en neige en soulevant délicatement la masse. Remplir une poche à douille avec un embout en forme d'étoile. Dresser des petites rosettes sur les petits gâteaux et faire cuire au four à mi-hauteur pendant environ 12 minutes.

Macarons à la noix de coco et petits pieds en chocolat

Pour 60 petits gâteaux

4 blancs d'œufs
200 g de sucre
1 sachet de sucre vanillé
1 pincée de sel
1 pointe de couteau de cannelle
250 g copeaux de noix de coco
100 g de chocolat de couverture noir amer

Temps de préparation : 30 minutes
(Temps de cuisson et de refroidissement en sus)

1 Préchauffer le four à 140 °C (chaleur tournante 120 °C). Battre les blancs en neige ferme en y versant peu à peu le sucre en pluie. Mélanger le sucre vanillé, le sel, la cannelle et les copeaux de noix en soulevant délicatement la préparation.

2 Avec deux cuillères à café, déposer des petits tas de pâte sur une plaque à pâtisserie chemisée de papier sulfurisé. Les faire cuire au four à mi-hauteur pendant environ 30 minutes. Laisser refroidir les macarons sur une grille.

3 Concasser grossièrement le chocolat de couverture et faire fondre au bain-marie chaud. Tremper le dessous c'est-à-dire les petits pieds des macarons dans le chocolat de couverture, les poser sur du papier sulfurisé et les laisser sécher.

Couronnes aux amandes et au chocolat

Pour 60 petits gâteaux

125 g amandes émondées, en poudre
200 g de beurre ramolli
125 g de sucre glace
1 sachet de sucre vanillé
1 pointe de couteau de sel
1 œuf
250 g de farine
100 g de chocolat de couverture au lait

Temps de préparation :
45 minutes
(Temps de cuisson en sus)

1 Faire griller légèrement les amandes dans une poêle antiadhésive et laisser refroidir. Travailler le beurre en crème au fouet électrique à la vitesse maximale.

2 Incorporer peu à peu le sucre glace tamisé, le sucre vanillé, le sel et l'œuf. Remuer jusqu'à obtenir une consistance crémeuse. Tamiser ensuite la farine et l'incorporer à la pâte avec les amandes grillées.

3 Préchauffer le four à 180 °C (chaleur tournante 160 °C). Mettre la pâte en petites quantités dans une poche à douille avec un embout en forme d'étoile et dresser des petites couronnes sur une plaque à pâtisserie chemisée de papier sulfurisé. Faire cuire au four à mi-hauteur pendant environ 12 minutes et laisser refroidir.

4 Pour le glaçage, concasser le chocolat de couverture et faire fondre au bain-marie chaud en prenant soin de bien remuer. Tremper les couronnes à moitié dans le chocolat et laisser sécher.

Savoureusement fourrés

Petits cœurs à la gelée de fruits

Pour 50 petits gâteaux

250 g de farine
50 g d'amandes émondées, en poudre
½ c.c. de levure chimique
150 g de beurre ramolli
180 g de sucre
300 g de pâte d'amandes crue
2 œufs
100 g de gelée de pommes
100 g de gelée de groseilles

Farine pour le plan de travail

Temps de préparation : 1 heure (Temps de réfrigération et de cuisson en sus)

1 Dans un bol mélangeur, mélanger la farine, les amandes et la levure chimique. Ajouter le beurre en morceaux, 130 g de sucre, 50 g de pâte d'amandes coupée en petits dés et 1 œuf et pétrir rapidement le tout. Mettre la pâte obtenue au frais pendant environ 1 heure. Pendant ce temps, pétrir le restant de pâte d'amandes avec le restant de sucre et l'œuf et remplir une poche à douille munie d'un embout en forme de petite étoile.

2 Préchauffer le four à 180 °C (chaleur tournante 160 °C). Sur un plan de travail enfariné, étaler la pâte brisée portions par portions sur environ ½ cm d'épaisseur. Découper des cœurs à l'emporte-pièce et les déposer sur une plaque à pâtisserie chemisée de papier sulfurisé. Délimiter le pourtour des cœurs avec la poche à douille remplie de la préparation à la pâte d'amandes. Cuire les petits gâteaux au four à mi-hauteur pendant environ 12 minutes.

3 Laisser refroidir les cœurs. Chauffer les gelées séparément et napper le centre des cœurs de gelée de pommes ou de groseilles.

Petits cœurs au praliné
et aux noisettes

Pour 50 petits gâteaux

100 g de noisettes en poudre
150 g de farine
½ c.c. de zeste d'un citron non traité
1 œuf
125 g de sucre
1 sachet de sucre vanillé
125 g de beurre froid
50 g de chocolat de couverture noir amer
200 g de praliné
1 c.c. de café soluble (expresso)
150 de chocolat de couverture au lait

Farine pour le plan de travail

Temps de préparation : 1 heure (Temps de réfrigération et de cuisson en sus)

1 Pétrir les noisettes avec la farine, le zeste de citron, l'œuf, le sucre, le sucre vanillé et le beurre en petits flocons jusqu'à obtenir une pâte lisse. Recouvrir et mettre au frais pendant 1 heure.

2 Préchauffer le four à 180 °C (chaleur tournante 160 °C). Sur un plan de travail enfariné, étaler la pâte au rouleau sur environ 4 mm d'épaisseur, découper des cœurs à l'emporte-pièce (environ 4 cm de diamètre). Les déposer sur une plaque à pâtisserie chemisée de papier sulfurisé. Faire cuire au four pendant environ 10 minutes. Laisser refroidir.

3 Pour la garniture, hacher le chocolat de couverture noir amer, faire fondre avec le praliné dans une terrine au bain-marie chaud. Incorporer la poudre d'expresso.

4 Enduire la moitié des cœurs de la préparation au chocolat. Superposer les autres petits cœurs et presser légèrement pour faire adhérer.

5 Concasser le chocolat de couverture au lait, faire fondre dans une terrine au bain-marie chaud. Verser le chocolat dans un sachet de congélation et couper la pointe. Tracer le contour des petits cœurs avec le chocolat.

Petites boules aux noix et à la pâte d'amandes

Pour 50 petits gâteaux

200 g de beurre froid en morceaux
400 g de farine
150 g de sucre
1 bonne pincée de sel
1 œuf
200 g de cerneaux de noix
100 g de pâte d'amandes crue
100 g de gelée de groseilles rouges
100 g de chocolat de couverture noir amer
1 c.s. de graisse de noix de coco

Temps de préparation : 1 heure (Temps de réfrigération et de cuisson en sus)

1 Malaxer le beurre, la farine, le sucre, le sel et l'œuf avec les doigts froids de préférence jusqu'à obtenir une pâte lisse. Envelopper la pâte dans un film alimentaire et mettre au frais pendant 1 heure au-moins. Préchauffer le four à 200 °C (chaleur tournante 180 °C).

2 Hacher 100 g de noix. Écraser finement la pâte d'amandes avec une fourchette. Mélanger avec les noix hachées et la gelée de groseilles.

3 Façonner environ 50 petites boules avec la pâte brisée. Aplatir les boules avec les doigts, garnir le centre de mélange aux noix (½ c.c.) et refermer. Rouler entre les mains pour faire une boule. Déposer sur chaque boule 1 cerneau de noix en l'enfonçant légèrement. Déposer les boules sur des plaques à pâtisserie chemisées de papier sulfurisé et faire cuire au four pendant environ 20 minutes. Laisser les petits gâteaux refroidir sur une grille.

4 Hacher le chocolat et faire fondre au bain-marie chaud avec la graisse de noix de coco. Verser le glaçage dans une poche à douille munie d'un petit embout (ou le mettre dans un sachet de congélation et couper la pointe). Décorer les boules fourrées de rayures de chocolat et laisser sécher.

Biscuits fourrés aux noix

Pour 20 petits gâteaux

Pour la pâte
125 g de farine
1 jaune d'œuf
50 g de sucre en poudre
1 pincée de sel
100 g de beurre ramolli
50 g de noix du Brésil en poudre
1 c.s. d'eau-de-vie de vin

Pour la garniture
100 g de chocolat noir
100 ml de crème liquide
3 c.s. d'eau-de-vie de vin
1 pointe de couteau de poudre de cinq épices chinoises

Temps de préparation : 50 minutes
(Temps de repos et cuisson en sus)

1 Tamiser la farine sur le plan de travail et creuser un puits au milieu. Y répartir le jaune d'œuf, le sucre, le sel, le beurre en petits morceaux, les noix et l'eau-de-vie. Pétrir rapidement tous les ingrédients jusqu'à obtenir une pâte homogène et former une boule. Envelopper dans un film alimentaire et laisser reposer 30 minutes au réfrigérateur.

2 Préchauffer le four à 200 °C (chaleur tournante 180 °C). Sur un plan de travail enfariné, étaler la pâte sur 3 mm d'épaisseur et découper à l'emporte-pièce 40 petits gâteaux dans des formes au choix. Déposer les biscuits sur des plaques à pâtisserie chemisées de papier sulfurisé et faire cuire au four pendant 8 à 10 minutes. Laisser refroidir sur une grille.

3 Pour la garniture, porter à ébullition la crème dans une casserole. Retirer du feu, ajouter le chocolat coupé en morceaux, faire fondre et délayer avec l'eau-de-vie et les cinq épices. Laisser refroidir et mettre au frais pendant 30 minutes au-moins.

4 Travailler la ganache en mousse au fouet électrique et l'étaler sur la partie inférieure de 20 biscuits. Poser par-dessus les autres biscuits. Conserver au frais.

Yeux d'ange

Pour 40 petits gâteaux

140 g de saindoux
140 g de beurre
140 g de sucre
4 jaunes d'œufs
420 g de farine
50 g d'amandes hachées
Confiture de cerises ou d'abricots

Farine pour la plaque

Temps de préparation :
15 minutes
(Temps de cuisson en sus)

1 Remuer le saindoux et le beurre jusqu'à obtenir un mélange mousseux. Y incorporer l'un après l'autre le sucre et 3 jaunes d'œufs. Ajouter en dernier la farine et malaxer. Préchauffer le four à 180 °C (chaleur tournante 160 °C). Saupoudrer de farine une plaque à pâtisserie.

2 Façonner des petites boules de pâte (environ 2 cm de diamètre), les déposer sur la plaque enfarinée et les aplatir légèrement avec les doigts.

3 Badigeonner les petits gâteaux du restant de jaune d'œuf délayé et parsemer d'amandes. Appuyer au milieu de chaque boule avec le manche d'une cuiller en bois enfarinée pour faire un creux et le remplir d'un peu de confiture. Faire cuire au four à mi-hauteur pendant environ 15 à 20 minutes.

Palets aux noisettes fourrés aux griottes

Pour 100 petits gâteaux

200 g de farine
125 g de noisettes en poudre
1 œuf
100 g de sucre
1 sachet de sucre vanillé
1 pincée de sel
125 g de beurre
125 g de confiture de griottes
100 g de chocolat de couverture mi-amer
150 g de glaçage foncé pour pâtisserie
80 g de sucre glace
2 à 3 c.s. de kirsch
1 blanc d'œuf
Quelques gouttes de colorant alimentaire rouge
Env. 100 cerneaux de noix

Farine pour le plan de travail

Temps de préparation :
40 minutes
(Temps de réfrigération et de cuisson en sus)

1 Mélanger la farine et les noisettes et les répandre sur le plan de travail. Y incorporer l'œuf, le sucre, le sucre vanillé, le sel et le beurre en flocons et pétrir l'ensemble jusqu'à obtenir une pâte lisse. Former une boule, envelopper dans un film alimentaire et mettre au frais pendant 1 heure.

2 Sur un plan de travail enfariné, étaler la pâte au rouleau portions par portions sur 3 à 4 mm d'épaisseur et découper des petits gâteaux avec un emporte-pièce rond crénelé (4 cm de diamètre). Préchauffer le four à 200 °C (chaleur tournante 180 °C). Déposer les petits gâteaux sur des plaques à pâtisserie chemisées de papier sulfurisé et faire cuire au four à mi-hauteur pendant 10 minutes.

3 Mixer la confiture de griottes ou filtrer la masse au tamis et coller 2 biscuits ensemble avec la confiture. Concasser le chocolat de couverture et le glaçage foncé et faire fondre au bain-marie chaud. Délayer le sucre glace avec le kirsch, le blanc d'œuf et 2 à 3 gouttes de colorant alimentaire pour obtenir un glaçage épais.

4 Napper la moitié des petits gâteaux de glaçage au chocolat, l'autre moitié de glaçage au kirsch, poser au-dessus 1 cerneau de noix.

Macarons au mocca

Pour 40 petits gâteaux

Pour la pâte
125 g de farine, 1 jaune d'œuf
50 g de sucre en poudre
1 pincée de sel
100 g de beurre ramolli

Pour le chapeau des macarons
1 blanc d'œuf
1 pincée de sel
2 c.c. d'expresso en poudre
40 g d'amandes en poudre fine
80 g de sucre glace

Pour la crème
90 g de chocolat noir
2 c.s. de crème liquide
1 c.s. de miel
1 c.s. de beurre

Farine pour le plan de travail

Temps de préparation : 45 minutes
(Temps de réfrigération et de cuisson en sus)

1 Pétrir tous les ingrédients pour la pâte avec les doigts froids de préférence jusqu'à obtenir une pâte homogène et former une boule. Envelopper la boule de pâte dans un film alimentaire et laisser reposer pendant 30 minutes au réfrigérateur.

2 Préchauffer le four à 150 °C. Monter le blanc en neige ferme avec le sel, la poudre d'expresso et 20 g de sucre glace. Mélanger les amandes et le sucre glace restant, incorporer aux blanc d'œuf en soulevant la masse. Garnir une poche à douille munie d'un petit embout. Dresser 40 petits macarons sur une plaque à pâtisserie chemisée de papier sulfurisé et faire cuire à l'avant-dernier cran du four pendant 15 minutes. Laisser refroidir.

3 Monter la chaleur du four à 200 °C (chaleur tournante 180 °C). Sur un plan de travail enfariné, étaler la pâte brisée sur 3 à 4 mm d'épaisseur, découper à l'emporte-pièce 40 petits cercles de pâte, les déposer sur une plaque à pâtisserie chemisée de papier sulfurisé et les faire dorer pendant 8 à 10 minutes. Laisser refroidir.

4 Hacher le chocolat. Faire fondre au bain-marie chaud avec la crème, le miel et le beurre. Laisser refroidir et garnir une poche à douille munie d'un petit embout. Dresser la crème sur les petits sablés et poser dessus un macaron.

Biscuits fourrés au citron vert

Pour 20 à 25 petits gâteaux

Pour la pâte
125 g de farine
1 jaune d'œuf
50 g de sucre en poudre
1 pincée de sel
100 g de beurre ramolli

Pour la garniture
100 g de sucre
2 œufs
2 jaunes d'œufs
Jus et zeste de 2 citrons verts non traités
100 g de beurre
3 sachets de sucre pétillant

Farine pour le plan de travail

Temps de préparation : 50 minutes (Temps de réfrigération et de cuisson en sus)

1 Pétrir rapidement tous les ingrédients pour la pâte jusqu'à obtenir une pâte homogène. Envelopper dans un film alimentaire et laisser reposer pendant environ 30 minutes au réfrigérateur.

2 Préchauffer le four à 200 °C (chaleur tournante 180 °C). Chemiser une plaque à pâtisserie de papier sulfurisé. Sur un plan de travail légèrement enfariné, étaler la pâte au rouleau sur environ 4 mm d'épaisseur et découper 40 à 50 petits gâteaux avec des petits emporte-pièces ronds. Déposer sur des plaques à pâtisserie chemisées de papier sulfurisé et faire cuire au four pendant environ 10 minutes. Laisser refroidir sur une grille.

3 Mettre le sucre, les œufs et les jaunes dans un bol en acier inoxydable. Y incorporer le zeste et jus de citron vert et continuer de remuer au bain-marie chaud jusqu'à ce que le mélange épaississe. Retirer du bain-marie. Incorporer peu à peu le beurre. Laisser refroidir complètement au réfrigérateur.

4 Remplir une poche à douille de crème au citron vert et déposer une touche de crème sur la partie inférieure de la moitié des petits gâteaux. Saupoudrer chacun d'un peu de sucre pétillant et poser dessus l'autre moitié des biscuits. Presser légèrement pour faire adhérer et laisser de nouveau refroidir au réfrigérateur.

Couronnes à la gelée de groseilles

Pour 20 petits gâteaux

1 gousse de vanille
200 g de farine
150 g de beurre à
 température ambiante
100 g de sucre glace
1 sachet de sucre vanillé
Sel
100 g de gelée de groseilles

Farine pour le plan de travail
Sucre glace pour saupoudrer

Temps de préparation :
20 minutes
(Temps de repos, de cuisson
et de refroidissement en sus)

1 Fendre la gousse de vanille sur toute la longueur et gratter les graines. Mélanger les graines de vanille, la farine, le beurre coupé en petits morceaux, le sucre glace et le sucre vanillé ainsi qu'une pincée de sel et pétrir rapidement jusqu'à obtenir une pâte. Envelopper dans un film alimentaire et laisser reposer la pâte au réfrigérateur pendant la nuit.

2 Le jour suivant, étaler la pâte au rouleau sur environ 3 mm d'épaisseur sur un plan de travail enfariné et découper des ronds à l'emporte-pièce d'environ 3 cm de diamètre. Préchauffer le four à 160 °C (chaleur tournante 140 °C). Évider le centre de la moitié des ronds à l'aide d'un emporte-pièce plus petit. Déposer ronds et anneaux sur une plaque à pâtisserie chemisée de papier sulfurisé et faire cuire au four à mi-hauteur pendant environ 20 minutes. Laisser refroidir complètement.

3 Saupoudrer les anneaux de sucre glace ; avec un pinceau, badigeonner les ronds de gelée de groseilles et poser les anneaux par-dessus. Conserver les biscuits dans une boîte hermétique au frais.

Losanges fourrés au rhum et au chocolat

Pour 30 petits gâteaux

Pour la pâte
125 g de farine
1 jaune d'œuf
50 g de sucre en poudre
1 pincée de sel
100 g de beurre ramolli
30 g de cacao en poudre

Pour la garniture
200 g de pâte à tartiner aux noisettes et au chocolat
2 c.s. de rhum
50 g de pépites de chocolat

80 g de chocolat de couverture noir
1 c.s. de rhum
Farine pour le plan de travail

Temps de préparation : 30 minutes
(Temps de réfrigération, de cuisson et de refroidissement en sus)

1 Tamiser la farine sur le plan de travail et creuser un puits au milieu. Y répartir le jaune d'œuf, le sucre en poudre, le sel et le beurre ramolli en petits morceaux. Incorporer le cacao en poudre. Pétrir le tout rapidement jusqu'à obtenir une pâte lisse, l'envelopper dans un film alimentaire et mettre au frais pendant 30 minutes au-moins.

2 Préchauffer le four à 180 °C (chaleur tournante 160 °C). Chemiser une plaque à pâtisserie de papier sulfurisé. Sur un plan de travail enfariné, étaler la pâte au rouleau sur 4 mm d'épaisseur en formant un rectangle. Enrouler la pâte sur le rouleau et la dérouler au-dessus de la plaque. Faire cuire au four à mi-hauteur pendant 10 minutes. Sortir du four et découper la pâte encore chaude en 60 petits losanges. Laisser refroidir complètement.

3 Pour la garniture, mélanger tous les ingrédients. Répartir sur la moitié des losanges et poser les autres losanges dessus. Presser légèrement pour faire adhérer. Hacher le chocolat de couverture et faire fondre au bain-marie. Y verser le rhum et remuer. Badigeonner les losanges de glaçage à l'aide d'un pinceau et laisser sécher complètement. Conserver ensuite les biscuits dans une boîte hermétique au frais.

Biscuits à la confiture

Pour 25 petits gâteaux

200 g de farine
1 jaune d'œuf
60 g de sucre
1 sachet de sucre vanillé
1 pincée de sel
Zeste râpé d'un demi-citron non traité
125 g de beurre
100 g de gelée de groseilles rouges
2 c.c. de rhum brun
30 g de sucre glace pour saupoudrer

Farine pour le plan de travail

Temps de préparation : 45 minutes (Temps de réfrigération, de cuisson et de refroidissement en sus)

1 Tamiser la farine sur le plan de travail et creuser un puits au milieu. Y ajouter le jaune d'œuf, le sucre, le sucre vanillé, le sel et le zeste de citron. Répartir le beurre tout autour de la farine. Pétrir tous les ingrédients en partant du centre pour former une pâte lisse. Envelopper la pâte dans un film alimentaire et laisser reposer au frais 1 heure.

2 Mélanger la gelée de groseilles et le rhum. Étaler la pâte en couche mince sur un plan de travail enfariné. Découper 50 petits gâteaux de 5 cm de diamètre avec un emporte-pièce rond cranté. Évider le centre de la moitié des petits gâteaux à l'aide d'un emporte-pièce rond de 2,5 cm de diamètre.

3 Préchauffer le four à 200 °C (chaleur tournante 180 °C). Poser tous les petits gâteaux sur une plaque à pâtisserie chemisée de papier sulfurisé et faire cuire au four à mi-hauteur pendant environ 8 minutes jusqu'à ce qu'ils soient dorés. Laisser refroidir sur une grille.

4 Napper les petits gâteaux de gelée de groseilles, poser les anneaux dessus en appuyant délicatement. Saupoudrer les anneaux de sucre glace, remettre un peu de gelée de groseilles au milieu des biscuits.

Biscuits à l'amarena et au kirsch

Pour 100 petits gâteaux

250 g de crème fraîche
100 g de sucre glace
1 c.s. de kirsch
1 c.c. de zeste d'un citron non traité
1 pincée de sel
300 g de farine
1 bocal de cerises amarena (poids net égoutté 360 g)
2 jaunes d'œufs pour badigeonner

Sucre en grains pour saupoudrer
Farine pour le plan de travail

Temps de préparation : 30 minutes
(Temps de réfrigération, de repos et de cuisson en sus)

1 Mélanger la crème fraîche et le sucre glace, incorporer le kirsch, le zeste de citron et le sel. Ensuite, incorporer la farine tamisée en soulevant délicatement la masse. Mettre la pâte au frais pendant la nuit.

2 Préchauffer le four à 175 °C (chaleur tournante 155 °C). Sur un plan de travail enfariné, étaler la pâte au rouleau sur ½ cm d'épaisseur. Recouvrir et laisser reposer pendant environ 10 minutes.

3 Laisser égoutter les cerises amarena. Découper à l'emporte-pièce des petits gâteaux ronds (4 cm de diamètre) et les badigeonner de jaune d'œuf délayé. Partager les cerises en deux et les déposer sur les petits gâteaux. Saupoudrer de sucre en grains. Faire cuire à mi-hauteur dans le four préchauffé pendant 15 à 20 minutes.

Conseil :

Comme tous les petits gâteaux contenant de l'alcool, vous pouvez le remplacer sans problème par un liquide non alcoolisé pour les enfants. Dans ce cas, remplacer tout simplement le kirsch par du sirop de sucre.

Biscuits de Noël autrichiens
à la gelée de groseilles

Pour 30 petits gâteaux

125 g de chocolat noir amer
175 g de farine
50 g de sucre
1 pincée de sel
50 g d'amandes en poudre
125 g de beurre
10 c.s. de gelée de groseilles
10 g de graisse végétale
Env. 15 amandes
(coupées en deux)

Farine pour le plan de travail
Matière grasse pour
la plaque

Temps de préparation :
45 minutes
(Temps de repos et de cuisson
en sus)

1 Concasser 50 g de chocolat en morceaux, arroser d'eau bouillante. Après 1 minute environ, vider l'eau. Mélanger la farine, le sucre, le sel, les amandes, le beurre et le chocolat ramolli et pétrir rapidement jusqu'à obtenir une pâte lisse. Mettre au frais pendant la nuit.

2 Sur un plan de travail enfariné, étaler la pâte en plusieurs parties sur 3 mm d'épaisseur et découper des petits gâteaux ronds à l'emporte-pièce. Remettre le restant de pâte au frais. Déposer les petits gâteaux sur une plaque à pâtisserie graissée et mettre de nouveau au frais. Pendant ce temps, répéter l'opération avec la pâte restante.

3 Faire cuire au four préchauffé à 200 °C (chaleur tournante 180 °C) pendant 5 à 7 minutes. Assembler les petits gâteaux deux par deux avec la gelée de groseilles pendant qu'ils sont encore chauds. Laisser refroidir.

4 Pour le glaçage, faire fondre le restant de chocolat et la graisse végétale. Napper les petits gâteaux de chocolat. Décorer chacun d'eux avec une demi-amande.

Biscuits fourrés aux cacahuètes

Pour 40 petits gâteaux

Pour la pâte
125 g de farine
1 jaune d'œuf
50 g de sucre en poudre
1 pincée de sel
100 g de beurre ramolli
1 c.s. de beurre de cacahuètes croquant

Pour le caramel
50 g de sucre
2 c.s. de cacahuètes salées

Pour la garniture
2 c.s. de cacahuètes salées
300 g de sucre
100 g de crème double
100 g de beurre
1 c.c. de gros sel de mer

200 g de chocolat noir

Temps de préparation :
50 minutes
(Temps de réfrigération et de cuisson en sus)

1 Pétrir rapidement tous les ingrédients pour la pâte et former 2 longs rouleaux minces. Envelopper dans un film alimentaire et laisser reposer pendant 1 heure au réfrigérateur. Pour le caramel, chauffer le sucre avec 2 c.s. d'eau dans une casserole et cuire à feu doux tout en remuant pour obtenir un caramel. Y verser les cacahuètes tout en remuant et étaler le caramel sur une feuille de papier en aluminium huilée. Laisser refroidir, ensuite hacher.

2 Préchauffer le four à 200 °C (chaleur tournante 180 °C). Couper les rouleaux de pâte en 80 biscuits et les déposer sur une plaque à pâtisserie chemisée de papier sulfurisé. Faire cuire au four pendant 10 minutes. Laisser refroidir sur une grille.

3 Pour la garniture, concasser les cacahuètes. Chauffer le sucre et 6 c.s. d'eau dans une casserole et cuire tout en remuant jusqu'à ce que le caramel prenne une belle coloration dorée. Incorporer la crème double et le beurre et laisser mijoter à feu doux 1 minute. Mélanger avec les cacahuètes hachées et le gros sel et laisser refroidir la crème.

4 Assembler les petits gâteaux deux par deux avec un peu de crème au caramel. Faire fondre le chocolat au bain-marie. Tremper les biscuits doubles à moitié dans le chocolat et décorer avec des éclats de caramel.

Étoiles à la banane

Pour 20 petits gâteaux

Pour la pâte
30 g de chips de bananes séchées
125 g de farine
1 jaune d'œuf
50 g de sucre en poudre
1 pincée de sel
100 g de beurre ramolli

Pour la garniture
50 ml de crème liquide
100 g de chocolat blanc
15 g de beurre

Farine pour le plan de travail

Temps de préparation :
45 minutes
(Temps de réfrigération,
de cuisson et de refroidissement
en sus)

1 Mettre les chips de bananes dans un sachet de congélation bien fermé et les écraser avec un rouleau à pâtisserie. Tamiser la farine sur un plan de travail et creuser un puits au milieu. Y répartir le jaune d'œuf, le sucre, le sel et le beurre en petits morceaux. Ajouter les chips de bananes. Pétrir rapidement tous les ingrédients jusqu'à obtenir une pâte homogène et former une boule. Envelopper la boule de pâte dans un film alimentaire et laisser reposer pendant environ 30 minutes au réfrigérateur.

2 Pendant ce temps, porter la crème brièvement à ébullition dans une casserole. Retirer du feu, concasser le chocolat et faire fondre dans la crème en remuant. Incorporer le beurre et laisser refroidir la masse au réfrigérateur.

3 Préchauffer le four à 200 °C (chaleur tournante 180 °C). Sur un plan de travail légèrement enfariné, étaler la pâte au rouleau sur 3 à 4 mm d'épaisseur et découper 40 petits biscuits avec un emporte-pièce en forme d'étoile. Déposer les biscuits sur des plaques à pâtisserie chemisées de papier sulfurisé et faire cuire au four pendant 8 à 10 minutes. Laisser refroidir sur une grille. Assembler les petits gâteaux deux par deux avec un peu de crème au chocolat.

Bisous choco-expresso

Pour 20 à 25 petits gâteaux

Pour la pâte
125 g de farine
1 jaune d'œuf
50 g de sucre en poudre
1 pincée de sel
100 g de beurre ramolli
2 c.c. de café soluble (expresso)

Pour la garniture
300 g de chocolat noir
250 g de crème fraîche
2 c.c. de café soluble (expresso)

Farine pour le plan de travail

Temps de préparation : 40 minutes (Temps de réfrigération, de cuisson et de refroidissement en sus)

1 Tamiser la farine sur le plan de travail et creuser un puits au milieu. Y répartir le jaune d'œuf, le sucre, le sel, le beurre ramolli en petits morceaux et la poudre d'expresso. Pétrir rapidement tous les ingrédients jusqu'à obtenir une pâte homogène et former une boule. Envelopper la boule de pâte dans un film alimentaire et laisser reposer pendant environ 30 minutes au réfrigérateur.

2 Préchauffer le four à 200 °C (chaleur tournante 180 °C). Sur un plan de travail légèrement enfariné, étaler la pâte au rouleau sur environ 3 mm d'épaisseur et découper 40 à 50 petits gâteaux à l'emporte-pièce.

3 Déposer les petits bisous sur des plaques à pâtisserie chemisées de papier sulfurisé et faire cuire au four pendant 8 à 10 minutes. Laisser refroidir sur une grille.

4 Concasser le chocolat. Chauffer la crème fraîche dans une casserole et la maintenir à la limite de l'ébullition tout en remuant, y faire fondre le chocolat en continuant de remuer et y délayer la poudre d'expresso. Laisser refroidir et laisser prendre entièrement au réfrigérateur. Ensuite, assembler les petits bisous deux par deux avec 1 c.c. de crème.

Mini-meringues au chocolat mi-amer

Pour 75 petits gâteaux

7 blancs d'œufs
400 g de sucre
15 g de cacao en poudre
60 ml de crème liquide
320 g de chocolat de couverture mi-amer
2 c.s. d'amaretto

Temps de préparation : 1 heure (Temps de cuisson et de réfrigération en sus)

1 Monter les blancs en neige bien fermes au fouet électrique. Verser en pluie les deux tiers du sucre sans cesser de fouetter, ensuite incorporer délicatement le restant de sucre mélangé au cacao. Continuer à fouetter jusqu'à ce que le sucre soit dissous et que le mélange soit ferme et brillant.

2 Préchauffer le four à 125 °C (chaleur tournante 105 °C). Remplir une poche à douille munie d'un gros embout avec la préparation, dresser 150 mini-meringues sur des plaques à pâtisserie chemisées de papier sulfurisé. Laisser sécher au four au deuxième cran du haut pendant 1 heure 30 minutes (avec chaleur tournante 1 heure).

3 Entre-temps, porter la crème à ébullition. Faire fondre 120 g de chocolat en petits morceaux dans la crème. Ajouter l'amaretto, recouvrir la préparation et mettre au frais pendant 1 heure. Ensuite, battre jusqu'à obtenir un mélange mousseux, en assembler les meringues deux par deux et mettre au frais pendant 1 heure.

4 Pour le glaçage, faire fondre le restant de chocolat de couverture au bain-marie. Tremper les mini-meringues à moitié dans le chocolat, égoutter et laisser sécher sur une grille.

Meringues aux noisettes fourrées au praliné

Pour 50 petits gâteaux

5 blancs d'œufs
250 g de sucre glace
20 g de fécule
150 g de noisettes en poudre
1 c.c. de cannelle
100 g de praliné
80 g de chocolat de couverture mi-amer
80 g de glaçage foncé pour pâtisserie

Temps de préparation :
40 minutes
(Temps de cuisson en sus)

1 Battre légèrement les blancs d'œufs, verser peu à peu le sucre glace en pluie et monter les blancs en neige bien fermes. Incorporer ensuite la fécule. Mélanger les noisettes en poudre et la cannelle et incorporer délicatement aux blancs d'œufs avec le fouet.

2 Remplir une poche à douille munie d'un gros embout avec la préparation à la meringue et dresser environ 100 petits tas (environ 3 cm de diamètre) sur deux plaques à pâtisserie chemisées de papier sulfurisé. Faire cuire pendant environ 10 minutes à mi-hauteur à 175 °C (chaleur tournante 155 °C) dans le four préchauffé. Laisser refroidir les meringues sur une grille.

3 Faire fondre le praliné au bain-marie chaud. Napper de praliné la partie inférieure de la moitié des meringues, poser dessus une deuxième meringue. Concasser le chocolat de couverture et le glaçage et faire fondre au bain-marie chaud. Bien mélanger l'ensemble. Tremper à moitié les meringues assemblées dans le glaçage, laisser égoutter. Laisser prendre le glaçage.

Coquins

Pour 40 petits gâteaux

150 g de sucre
1 pincée de sel
1 sachet de sucre vanillé
3 gouttes d'arôme de citron
200 g de beurre ramolli
1 œuf
300 g de farine
100 g d'amandes en poudre
200 g de confiture de cerises

Sucre glace pour saupoudrer
Farine pour le plan de travail

Temps de préparation :
30 minutes
(Temps de réfrigération et de cuisson en sus)

1 Battre le sucre avec le sel, le sucre vanillé, l'arôme de citron, le beurre et l'œuf pour obtenir un mélange mousseux. Y tamiser la farine par-dessus, ajouter les amandes et travailler le tout au batteur électrique (crochet pétrisseur) jusqu'à obtenir une pâte lisse. Envelopper la pâte dans un film alimentaire et laisser reposer au frais pendant environ 2 heures.

2 Préchauffer le four à 180 °C (chaleur tournante 160 °C). Chemiser deux plaques à pâtisserie de papier sulfurisé. Pétrir de nouveau la pâte et la partager en deux. Sur un plan de travail enfariné, étaler la pâte au rouleau sur 3 mm d'épaisseur. Découper des petits gâteaux ronds à l'emporte-pièce. Sur la moitié des biscuits découper au centre un rond plus petit à l'aide d'un emporte-pièce.

3 Répartir tous les biscuits sur les plaques et faire cuire au four pendant 10 à 12 minutes.

4 Passer la confiture de cerises au tamis et l'étaler sur les fonds de biscuits entiers. Recouvrir avec les biscuits en forme d'anneaux, laisser tout refroidir et saupoudrer de sucre glace.

Étoiles choco-coco

Pour 20 petits gâteaux

Pour la pâte
125 g de farine
1 jaune d'œuf
50 g de sucre en poudre
1 pincée de sel
100 g de beurre ramolli
2 c.s. de chocolat noir râpé
2 c.s. de copeaux de noix de coco

Pour la garniture
200 g de chocolat blanc
4 c.s. de crème double

Farine pour le plan de travail

Temps de préparation : 40 minutes
(Temps de réfrigération et de cuisson en sus)

1 Tamiser la farine sur le plan de travail et creuser un puits au milieu. Y répartir le jaune d'œuf, le sucre, le sel, le beurre ramolli en petits morceaux, le chocolat râpé et les copeaux de noix de coco. Pétrir rapidement tous les ingrédients jusqu'à obtenir une pâte homogène et former une boule. Envelopper la boule de pâte dans un film alimentaire, laisser reposer 30 minutes au réfrigérateur.

2 Préchauffer le four à 200 °C (chaleur tournante 180 °C). Sur un plan de travail enfariné, étaler la pâte au rouleau sur environ 4 mm d'épaisseur et découper environ 40 petits gâteaux avec un emporte-pièce en forme d'étoile.

3 Déposer les étoiles sur des plaques à pâtisserie chemisées de papier sulfurisé et faire cuire au four pendant environ 8 à 10 minutes. Laisser refroidir sur une grille.

4 Concasser le chocolat blanc. Chauffer la crème double dans une casserole tout en remuant, retirer du feu, y faire fondre le chocolat blanc et laisser refroidir ensuite. Remuer la crème de nouveau, l'étaler sur la moitié des étoiles. Poser par-dessus les étoiles restantes et laisser reposer encore une fois au réfrigérateur pendant 30 minutes.

Biscuits à l'orange et à la vanille

Pour 20 petits gâteaux

Pour la pâte
125 g de farine
1 jaune d'œuf
50 g de sucre en poudre
1 pincée de sel
100 g de beurre ramolli
Graines d'1 gousse de vanille
Zeste râpé d'1 orange non traitée

Pour la garniture
50 g de beurre
50 g de sucre glace
3 c.s. de liqueur d'orange

Temps de préparation : 40 minutes
(Temps de réfrigération, de cuisson et de refroidissement en sus)

1 Tamiser la farine sur le plan de travail et creuser un puits au milieu. Y répartir le jaune d'œuf, le sucre, le sel, le beurre ramolli, les graines de vanille et le zeste d'orange.

2 Pétrir rapidement tous les ingrédients jusqu'à obtenir une pâte homogène et former une boule. Ensuite, envelopper la boule de pâte dans un film alimentaire et laisser reposer au réfrigérateur pendant environ 30 minutes.

3 Préchauffer le four à 180 °C (chaleur tournante 160 °C). Façonner 40 petites boules de pâte égales et les déposer sur des plaques à pâtisserie chemisées de papier sulfurisé. Les aplatir légèrement et faire cuire au four pendant 11 à 14 minutes jusqu'à ce qu'elles soient dorées. Laisser refroidir sur une grille.

4 Pour la garniture, battre le beurre, le sucre glace et la liqueur d'orange au fouet électrique pendant 4 minutes jusqu'à obtenir un mélange mousseux. Étaler sur la moitié des biscuits et assembler les biscuits deux par deux.

Sablés viennois
fourrés aux noisettes

Pour 25 à 30 petits gâteaux

Pour la pâte
125 g de farine
1 jaune d'œuf
50 g de sucre en poudre
1 pincée de sel
130 g de beurre ramolli
5 c.s. de lait

Pour la garniture
20 g de beurre
200 g de chocolat noir
180 g de pâte de noisettes pure
½ c.c. de kirsch

150 g de chocolat noir

Temps de préparation :
40 minutes
(Temps de réfrigération, de cuisson et de refroidissement en sus)

1 Pétrir ensemble tous les ingrédients pour la pâte. Rouler la pâte en boule, l'envelopper dans un film alimentaire et mettre au frais pendant environ 2 heures.

2 Préchauffer le four à 180 °C (chaleur tournante 160 °C). Remplir de pâte une poche à douille munie d'un embout en forme d'étoile et dresser 50 à 60 languettes sur une plaque à pâtisserie chemisée de papier sulfurisé sans trop les serrer. Faire cuire pendant 8 à 10 minutes jusqu'à ce qu'elles soient dorées. Ensuite, enlever immédiatement les petits gâteaux de la plaque chaude et laisser refroidir sur une grille.

3 Pour la garniture, faire fondre le beurre avec le chocolat au bain-marie chaud. Délayer la pâte de noisettes dans le kirsch et remuer jusqu'à obtenir une crème lisse. Laisser refroidir au réfrigérateur.

4 Remplir de crème une poche à douille et garnir la partie inférieure de la moitié des sablés. Poser dessus les autres sablés. Hacher le restant de chocolat et faire fondre au bain-marie. Tremper rapidement l'extrémité des petits sablés dans le chocolat et laisser reposer sur un grille à pâtisserie jusqu'à ce qu'il se solidifie.

Biscuits à l'amaretto
et à la pâte d'amandes

Pour 40 petits gâteaux

Pour la pâte
125 g de farine, 1 jaune d'œuf
50 g de sucre en poudre
1 pincée de sel
100 g de beurre ramolli

Pour la garniture
200 g de pâte d'amandes crue
80 g de marmelade d'oranges
½ c.c. de cannelle
1 pincée de sel
1 c.s. d'amaretto

Pour le glaçage
2 c.s. d'amaretto
100 g de sucre glace
Perles de sucre pour
la décoration

Farine pour le plan de travail

Temps de préparation :
30 minutes
(Temps de réfrigération, de cuisson et de refroidissement en sus)

1 Tamiser la farine sur le plan de travail et creuser un puits au milieu. Y répartir le jaune d'œuf, le sucre, le sel et le beurre ramolli en petits morceaux. Pétrir le tout rapidement jusqu'à obtenir une pâte lisse. Envelopper dans un film alimentaire et mettre au frais pendant 1 heure au-moins.

2 Pour la garniture, pétrir la pâte d'amandes avec tous les autres ingrédients. Préchauffer le four à 180 °C (chaleur tournante 160 °C). Chemiser une plaque à pâtisserie de papier sulfurisé. Sur un plan de travail enfariné, étaler la pâte en couche mince (2 mm) et former un rectangle, ensuite le couper en deux transversalement. Enrouler la pâte sur le rouleau et la dérouler au-dessus de la plaque.

3 Émietter la pâte d'amandes en tout petits morceaux et la répartir sur la pâte. Poser dessus l'autre moitié de pâte et appuyer délicatement. Faire cuire au four à mi-hauteur pendant 10 minutes. Sortir du four et couper la pâte encore chaude en triangles. Laisser refroidir. Délayer le sucre glace dans l'amaretto et remuer pour obtenir une préparation lisse, badigeonner les biscuits au pinceau. Décorer de perles de sucre tant que le glaçage est encore humide. Puis, laisser sécher.

International et tendances

Croquants *amarena-Limoncello*

Pour 50 petits gâteaux

32 cerises amarena
8 c.c. de Limoncello
125 g de farine
1 jaune d'œuf
50 g de sucre en poudre
1 pincée de sel
100 g de beurre ramolli

Temps de préparation :
25 minutes
(Temps de macération
et de cuisson en sus)

1 Préchauffer le four à 200 °C (chaleur tournante 180 °C). Laisser égoutter les cerises amarena et hacher finement. Laisser macérer dans le Limoncello pendant 10 minutes.

2 Pétrir tous les ingrédients pour la pâte avec les cerises amarena et le Limoncello.

3 À l'aide de deux cuillères à café, déposer environ 50 petits tas de pâte sur des plaques à pâtisserie chemisées de papier sulfurisé, en laissant suffisamment d'espace entre-eux. Faire cuire au four pendant 10 à 13 minutes. Laisser refroidir sur une grille à pâtisserie.

Étoiles au Calvados

Pour 40 petits gâteaux

Pour la pâte
125 g de farine, 1 jaune d'œuf
50 g de sucre en poudre
1 pincée de sel
100 g de beurre ramolli

Pour la garniture
25 g de rondelles de pommes séchées
4 c.s. de Calvados
25 g d'amandes en bâtonnets
25 g de flocons d'avoine complet
1 c.c. de cassonade
40 g de beurre, 30 g de sucre
1 sachet de sucre vanillé
1 c.c. de zeste d'un citron non traité
1 œuf, 40 g de farine
1 pointe de couteau de levure chimique

Farine pour le plan de travail

Temps de préparation :
40 minutes
(Temps de cuisson et de réfrigération en sus)

1 Pétrir rapidement tous les ingrédients pour la pâte jusqu'à obtenir une pâte homogène et former une boule. Envelopper dans un film alimentaire et laisser reposer pendant 30 minutes au réfrigérateur.

2 Couper les rondelles de pommes en dés fins, mélanger avec le Calvados, recouvrir et laisser macérer pendant 30 minutes. Entre-temps, faire griller à sec dans une poêle les amandes, les flocons d'avoine et la cassonade jusqu'à ce qu'ils soient légèrement dorés et laisser refroidir.

3 Battre le beurre en mousse. Verser peu à peu le sucre, le sucre vanillé et le zeste de citron et remuer jusqu'à ce que le sucre soit dissous. Incorporer l'œuf et remuer pendant 1 minute, mélanger ensuite la farine et la levure. Incorporer les dés de pommes avec le liquide de macération et la nougatine amandes-flocons d'avoine en soulevant la pâte.

4 Préchauffer le four à 180 °C (chaleur tournante 160 °C). Sur un plan de travail enfariné, étaler la pâte au rouleau sur 3 mm d'épaisseur et découper 40 étoiles à l'emporte-pièce et les déposer sur des plaques à pâtisserie chemisées de papier sulfurisé. Poser des petites portions de pâte aux pommes à la grosseur d'une noisette au centre de chaque étoile. Faire cuire au four pendant 8 à 10 minutes.

Palets aux canneberges

Pour 20 petits gâteaux

150 g de beurre
150 g de cassonade
1 œuf
250 g flocons d'avoine complet
75 g de farine
1 c.c. de levure chimique
1 pincée de sel
100 g de canneberges
150 g de chocolat blanc

Temps de préparation :
40 minutes
(Temps de cuisson en sus)

1 Préchauffer le four à 190 °C (chaleur tournante 170 °C). Mélanger le beurre et la cassonade pour obtenir un mélange mousseux. Ajouter l'œuf. Mélanger les flocons d'avoine, la farine, la levure chimique et le sel et incorporer à la préparation au beurre.

2 Incorporer délicatement les canneberges. Hacher le chocolat et l'incorporer également en soulevant la pâte. Mélanger le tout jusqu'à obtenir une pâte lisse. Déposer des petites boules de pâte sur deux plaques à pâtisserie chemisée de papier sulfurisé et les aplatir légèrement. Faire cuire au four pendant environ 10 à 12 minutes.

Informations sur le produit :

Les canneberges sont les fruits d'un arbrisseau à feuilles verdissantes qui pousse aux É.-U. dans les forêts de montagnes et les tourbières. Les petites airelles rouges sont utilisées à l'origine dans les pâtisseries américaines et suédoises et dans les confitures. Les canneberges sont riches en vitamine C.

Croissants au cappuccino
et duo de chocolats

Pour 50 petits gâteaux

20 g de cappuccino soluble
300 g de farine
50 g de noisettes en poudre
50 g d'amandes en poudre
100 g de sucre
200 g de beurre
50 g de chocolat de couverture noir amer
50 g de chocolat de couverture blanc

Farine pour le plan de travail

Temps de préparation :
50 minutes
(Temps de réfrigération, de cuisson et de refroidissement en sus)

1 Diluer la poudre de cappuccino dans 50 ml eau d'eau chaude et laisser refroidir. Tamiser la farine, mélanger avec les noisettes, les amandes et le sucre. Couper le beurre en morceaux, l'ajouter à la préparation et pétrir le tout jusqu'à obtenir une pâte ferme. Ajouter le cappuccino refroidi en dernier et bien pétrir ensemble. Mettre la pâte au frais pendant environ 1 heure.

2 Préchauffer le four à 180 °C (chaleur tournante à 160 °C). Chemiser une plaque de papier sulfurisé. Faire des petites portions de pâte. Rouler chaque portion de pâte en boudin de l'épaisseur du doigt. Couper chaque boudin en tronçons de 5 cm de longueur et leur donner la forme d'un croissant. Déposer sur la plaque à pâtisserie en laissant un intervalle de 3 cm. Faire cuire les petits croissants au four à mi-hauteur pendant environ 15 minutes.

3 Laisser refroidir les croissants sur une grille. Faire fondre séparément les deux chocolats de couverture au bain-marie et verser chaque couverture dans un sachet de congélation. Couper l'angle des deux sachets et décorer les croissants avec le duo de chocolat de couverture.

Cookies au thé Earl Grey *et aux groseilles*

Pour 30 petits gâteaux

Pour la pâte
20 g de feuilles de thé Earl Grey
125 g de farine
1 jaune d'œuf
50 g de sucre en poudre
1 pincée de sel
100 g de beurre ramolli
50 g de groseilles rouges séchées

Pour la garniture
250 g de beurre
250 g de sucre
Env. 30 cerneaux de noix

Farine pour le plan de travail

Temps de préparation : 45 minutes
(Temps de réfrigération, de cuisson et de refroidissement en sus)

1 Pulvériser finement les feuilles de thé dans un mortier et mélanger avec la farine. Tamiser ce mélange sur un plan de travail et creuser un puits au milieu. Y répartir le jaune d'œuf, le sucre, le sel, le beurre en petits morceaux et les groseilles.

2 Pétrir rapidement tous les ingrédients jusqu'à obtenir une pâte lisse et former une boule. Envelopper dans un film alimentaire et laisser reposer pendant 30 minutes au réfrigérateur.

3 Préchauffer le four à 200 °C (chaleur tournante 180 °C). Sur un plan de travail légèrement enfariné, étaler la pâte au rouleau sur environ 5 mm d'épaisseur et découper à l'emporte-pièce des formes au choix. Déposer les petits gâteaux sur des plaques à pâtisserie chemisées de papier sulfurisé et faire dorer au four pendant environ 12 minutes. Laisser refroidir sur une grille.

4 Dans une casserole, chauffer le beurre et le sucre à feu doux jusqu'à ce que le caramel prenne une coloration dorée. Retirer du feu, ajouter les cerneaux de noix et les faire sauter. Napper aussitôt de caramel la surface des petits gâteaux et placer un cerneau de noix au centre. Laisser refroidir le caramel complètement avant de servir.

Amaretti expresso-gingembre

Pour 35 petits gâteaux

300 g d'amandes émondées, en poudre
100 g de sucre
80 g de blanc d'œuf
1 c.s. d'arôme d'amande amère
100 g de sucre glace
2 c.s. de café au gingembre (voir Conseil)

Temps de préparation : 30 minutes
(Temps de repos et de cuisson en sus)

1 Entre les paumes de la main, frotter et émietter le mélange d'amandes, de sucre, 40 g de blanc d'œuf et d'arôme d'amande amère jusqu'à ce qu'il ressemble à de la pâte d'amandes. Battre le restant de blanc d'œuf avec le sucre glace jusqu'à obtenir un mélange mousseux et travailler délicatement avec la réduction de café obtenue, en soulevant la préparation aux amandes.

2 Chemiser de papier sulfurisé une plaque à pâtisserie. Remplir une poche à douille avec la préparation amaretti et dresser des petites boules de la grosseur d'une noix sur la plaque. Recouvrir d'un torchon et laisser sécher pendant 10 à 12 heures. Rabattre les bords vers l'intérieur.

3 Préchauffer le four à 230 °C (chaleur tournante à 210 °C). Faire cuire les amaretti au four à mi-hauteur pendant environ 5 minutes.

Conseil :

Pour obtenir du café au gingembre, porter à ébullition 3 c.s. de sirop d'érable, 200 ml d'expresso et 5 g de racine de gingembre finement hachée et laisser réduire jusqu'à obtenir la consistance d'un sirop fin. Passer au tamis fin et utiliser immédiatement.

Pains d'épices finlandais

Pour 50 petits gâteaux

125 g de sirop de betterave
à sucre
1 c.c. de gingembre moulu
1 c.c. de clous de girofle
1 c.c. de cannelle
150 g de beurre
2 œufs
150 g de sucre de canne
2 c.s. de zeste râpé d'une
orange non traitée
250 g de farine complète
250 g de farine
1½ c.s. de poudre de soda

Farine pour le plan de travail
Sucre glace pour saupoudrer

Temps de préparation :
45 minutes
(Temps de réfrigération et de
cuisson en sus)

1 Dans une casserole, chauffer le sirop avec les épices et le beurre jusqu'à ce que le beurre soit fondu. Retirer la casserole du feu et laisser refroidir. Battre les œufs avec le sucre pour obtenir un mélange mousseux, ajouter le zeste d'orange.

2 Mélanger les deux sortes de farine et partager en deux moitiés. Remuer la poudre de soda dans une moitié du mélange réservé et délayer la préparation beurre et sirop dans cette moitié. Incorporer le mélange mousseux aux œufs et le restant de farine et pétrir le tout à la main pour obtenir une pâte ferme. Former une boule de pâte, envelopper celle-ci dans un film alimentaire et mettre au frais pendant la nuit.

3 Préchauffer le four à 200 °C (chaleur tournante 180 °C). Sur un plan de travail enfariné, étaler la pâte au rouleau en couche mince et découper à l'emporte-pièce des formes au choix. Déposer les pains d'épices sur une plaque à pâtisserie chemisée de papier sulfurisé et faire cuire au four pendant environ 10 minutes.

4 Ensuite, laisser refroidir et saupoudrer les pains d'épices de sucre glace.

Macarons fraise et menthe

Pour 13 petits gâteaux

Pour la meringue

1 blanc d'œuf
1 pincée de sel
20 g de sucre
Quelques gouttes de colorant alimentaire vert
50 g d'amandes en poudre
75 g de sucre glace
1 pointe de couteau de levure chimique

Pour la crème aux fraises

50 g de fraises
50 ml de sirop de fraises
100 g de beurre à température ambiante
1 c.s. de feuilles de menthe fraîches finement ciselées

Temps de préparation : 30 minutes
(Temps de repos, de cuisson et de refroidissement en sus)

1 Chemiser une plaque à pâtisserie de papier sulfurisé. Monter en neige ferme le blanc d'œuf avec le sel. Y ajouter le sucre et quelques gouttes de colorant alimentaire et continuer à battre jusqu'à ce que les cristaux soient dissous et que la préparation soit de nouveau très ferme.

2 Le cas échéant, moudre de nouveau les amandes finement au moulin à café ou au mini-hachoir. Mélanger avec le sucre glace et incorporer la levure. Incorporer ce mélange aux blancs en neige en soulevant la masse. En remplir une poche à douille avec embout et dresser 26 touches de pâte (environ 4 cm de diamètre) sur la plaque à pâtisserie. Laisser reposer pendant 20 minutes à la température ambiante. Préchauffer le four à 150 °C. Faire cuire au four à mi-hauteur pendant 15 minutes. Les macarons doivent dorer mais ne pas brunir. Sortir du four et laisser refroidir.

3 Pour la crème, laver les fraises, les essuyer et les parer. Réduire en purée avec le sirop. Incorporer au beurre par cuillerées, ajouter la menthe finement ciselée et mélanger. Étaler une couche de la crème sur la partie inférieure de 13 meringues. Recouvrir avec les autres meringues et appuyer légèrement. Emballer hermétiquement et mettre au frais pendant 2 heures au-moins.

Carrés de Linz

Pour 25 petits gâteaux

Pour la pâte
125 g de farine
1 jaune d'œuf
50 g de sucre en poudre
1 pincée de sel
125 g de beurre ramolli
2 sachets de sucre vanillé
75 g de noisettes en poudre
1 c.c. de cannelle

Pour la garniture
70 g d'airelles sauvages
en bocal

2 c.s. de lait
25 g de noisettes concassées
Farine pour le plan de travail

Temps de préparation :
40 minutes
(Temps de réfrigération et de cuisson en sus)

1 Tamiser la farine sur le plan de travail et creuser un puits au milieu. Y mettre le jaune d'œuf, le sucre, le sel, le beurre ramolli en petits morceaux, le sucre vanillé, les noisettes en poudre et la cannelle. Pétrir rapidement tous les ingrédients jusqu'à obtenir une pâte homogène et former une boule. Envelopper dans un film alimentaire et laisser reposer au réfrigérateur pendant 1 heure.

2 Préchauffer le four à 180 °C (chaleur tournante 160 °C). Sur un plan de travail enfariné, étaler la pâte au rouleau sur 4 mm d'épaisseur. Puis, la découper en carrés de 5 x 5 cm, en poser la moitié sur des plaques à pâtisserie chemisées de papier sulfurisé et badigeonner d'un peu d'eau au pinceau.

3 Déposer ½ c.c. d'airelles au milieu de chaque carré et recouvrir avec les autres carrés de reste. Fermer les bords en pressant délicatement avec les doigts et souder les bords tout autour en appuyant avec une fourchette.

4 Badigeonner les petits carrés de lait et parsemer de noisettes concassées. Faire cuire à l'avant-dernier cran du four pendant 10 à 12 minutes jusqu'à ce qu'ils soient dorés. Enlever les biscuits de la plaque et laisser refroidir sur une grille.

Macarons aux canneberges mouchetés d'airelles

Pour 40 petits gâteaux

100 g de canneberges séchées
3 blancs d'œufs
Sel
120 g de sucre
1 c.c. de jus de citron
80 g d'amandes en poudre
Env. 40 oublies (5 cm de diamètre)
100 g de confiture d'airelles

Temps de préparation : 30 minutes
(Temps de cuisson et de refroidissement en sus)

1 Hacher très finement les canneberges. Avec un fouet électrique, monter au bain-marie chaud les blancs en neige bien fermes avec une pincée de sel, le sucre et le jus de citron jusqu'à ce que le mélange soit ferme et chaud. Puis, mettre la préparation dans un bain-marie d'eau gelée et continuer de battre jusqu'à ce qu'elle soit froide. Ensuite, incorporer les canneberges et les amandes délicatement et rapidement. Préchauffer le four à 150 °C (chaleur tournante 130 °C).

2 Remplir de cette préparation une poche à douille munie d'un gros embout. Déposer les oublies sur les plaques et y dresser des petits tas de cette préparation. Faire cuire tour à tour pendant 15 minutes au dernier cran du four. Sortir les macarons du four et laisser refroidir complètement.

3 Chauffer la confiture pendant environ 1 minute, puis la passer au tamis fin et la laisser également refroidir. Remplir une poche à douille de cette préparation et décorer les macarons de petites touches rouges. Laisser sécher le tout, ensuite les emballer hermétiquement.

Palets au romarin

Pour 30 petits gâteaux

125 g de farine
1 jaune d'œuf
50 g de sucre en poudre
1 pincée de sel
100 g de beurre ramolli
1 petite branche de romarin
1½ c.s. d'huile d'olive
30 g de gros sucre

Temps de préparation :
30 minutes
(Temps de réfrigération et de cuisson en sus)

1 Tamiser la farine sur le plan de travail et creuser un puits au milieu. Y répartir le jaune d'œuf, le sucre en poudre, le sel et le beurre ramolli en petits morceaux. Laver et essorer la branche de romarin, ciseler très finement les feuilles. Mettre dans le puits de farine avec l'huile d'olive.

2 Malaxer rapidement tous les ingrédients avec les doigts froids de préférence jusqu'à obtenir une pâte homogène et former un rouleau de pâte d'environ 5 cm de diamètre. Envelopper dans un film alimentaire et laisser reposer pendant environ 30 minutes au réfrigérateur.

3 Préchauffer le four à 200 °C (chaleur tournante 180 °C). Éparpiller du gros sucre sur le plan de travail et y rouler le rouleau de pâte dedans de façon uniforme. Ensuite, le couper en tranches d'environ 5 mm d'épaisseur.

4 Déposer les palets sur des plaques à pâtisserie chemisées de papier sulfurisé et faire cuire au four pendant environ 10 minutes. Laisser refroidir sur une grille.

Shortbread
au caramel au beurre salé

Pour 20 petits gâteaux

Pour la pâte
225 g de farine
1 jaune d'œuf
125 g de sucre en poudre
1 pincée de sel
175 g de beurre ramolli

Pour le caramel
50 g de beurre salé
50 ml de lait condensé
4 c.c. de sirop clair

100 g de chocolat au lait
Beurre et chapelure pour le moule

Temps de préparation : 40 minutes
(Temps de cuisson et de réfrigération en sus)

1 Préchauffer le four à 180 °C (chaleur tournante 160 °C). Bien graisser un moule à cake (24 x 8 cm) et saupoudrer d'un peu de chapelure.

2 Pétrir rapidement tous les ingrédients pour la pâte et bien presser la pâte au fond du moule à cake. Piquer plusieurs fois la pâte avec une fourchette et faire cuire au four pendant environ 4 minutes. Réduire la chaleur du four à 150 °C (chaleur tournante 130 °C) et faire cuire au four encore 30 minutes de plus. Laisser refroidir dans le moule. Ensuite, sortir le gâteau du moule et le déposer sur la plaque.

3 Pour le caramel, porter à ébullition le beurre salé, le lait condensé et le sirop dans une casserole et laisser frémir pendant 10 minutes. Verser sur le shortbread et laisser refroidir au réfrigérateur jusqu'à ce que le caramel durcisse légèrement.

4 Faire fondre le chocolat au bain-marie et l'étaler uniformément sur le caramel. Laisser durcir au réfrigérateur, puis couper le shortbread en 10 tranches environ. Couper les tranches en deux.

Kolaches viennoises

Pour 60 petits gâteaux

225 g de beurre ramolli
150 g de sucre
1 sachet de sucre vanillé
1 pincée de sel
3 jaunes d'œufs
340 g de farine
4 c.s. de gelée de groseilles

Temps de préparation :
35 minutes
(Temps de réfrigération et de cuisson en sus)

1 Battre en mousse le beurre ramolli au fouet jusqu'à ce qu'il forme des petits pics fermes. Ajouter le sucre, le sucre vanillé, le sel et les jaunes d'œufs et bien mélanger jusqu'à obtenir une consistance crémeuse. Pétrir ensuite avec la farine jusqu'à obtenir une pâte lisse. Envelopper dans un film alimentaire et mettre au frais pendant 1 heure.

2 Façonner des boules de pâte de la taille d'une petite noix. Chemiser une plaque à pâtisserie de papier sulfurisé, y déposer les boules et enfoncer le manche d'une cuiller en bois dans chaque boule. Chauffer la gelée et en déposer un peu au creux de chaque boule. Mettre au frais pendant 15 minutes.

3 Préchauffer le four à 170 °C (chaleur tournante 150 °C). Faire cuire les petits gâteaux pendant 15 minutes à l'avant-dernier cran du four. Rajouter éventuellement un peu de gelée au creux des boules.

Conseil pour varier :

La variation aux amandes est aussi succulente : prenez 1 à 2 blancs d'œufs et 6 à 8 c.s. d'amandes hachées en plus. Roulez les boules de pâte d'abord dans le blanc d'œuf et ensuite dans les amandes. Continuez ensuite comme dans la recette.

Macarons au cacao fourrés à la ganache

Pour 13 petits gâteaux

Pour la meringue

1 blanc d'œuf
1 pincée de sel
20 g de sucre
50 g d'amandes en poudre
75 g de sucre glace
1 c.s. de cacao en poudre
1 pointe de couteau de levure chimique

Pour la ganache

55 g de chocolat noir amer
80 ml de crème liquide

Temps de préparation : 20 minutes
(Temps de repos, de cuisson et de réfrigération en sus)

1 Chemiser une plaque à pâtisserie de papier sulfurisé. Battre le blanc en neige ferme avec le sel. Y ajouter le sucre battre jusqu'à ce que les cristaux soient dissous et que la préparation soit de nouveau très ferme. Le cas échéant, moudre de nouveau les amandes très finement au moulin à café ou au mini-hachoir. Mélanger avec le sucre glace et le cacao en poudre, incorporer la levure.

2 Incorporer le mélange d'amandes au blanc en neige en soulevant la masse. En remplir une poche à douille avec embout et dresser 26 petites touches de pâte (4 cm de diamètre) sur la plaque. Laisser reposer pendant 20 minutes à la température ambiante. Préchauffer le four à 150 °C. Faire cuire les macarons au four à mi-hauteur pendant 15 minutes. Les sortir du four et les laisser refroidir.

3 Hacher le chocolat. Faire fondre dans la crème liquide. Laisser refroidir et mettre au frais pendant 1 heure au-moins. Fouetter la crème jusqu'à consistance ferme.

4 Étaler une couche de ganache sur la partie inférieure de 13 meringues. Recouvrir avec les autres meringues, appuyer légèrement. Emballer hermétiquement et mettre au frais 2 heures au-moins.

Biscuits à la noix muscade
fourrés à la liqueur d'œuf

Pour 20 petits gâteaux

Pour la garniture
70 g de chocolat blanc
40 g de beurre
40 g de sucre glace
4 c.s. de liqueur d'œuf

Pour la pâte
125 g de farine
1 jaune d'œuf
50 g de sucre en poudre
1 pincée de sel
100 g de beurre ramolli
1 pincée de noix muscade fraîchement râpée

Farine pour le plan de travail

Temps de préparation :
40 minutes
(Temps de réfrigération et de cuisson en sus)

1 Pour la garniture, faire fondre le chocolat dans une terrine au bain-marie. Y incorporer le beurre jusqu'à ce qu'il soit fondu, sortir la terrine du bain-marie et y délayer le sucre glace et la liqueur. Laisser refroidir au réfrigérateur pendant 2 heures.

2 Tamiser la farine sur un plan de travail et creuser un puits au milieu. Y répartir le jaune d'œuf, le sucre, le sel, le beurre en petits morceaux et la noix muscade râpée. Pétrir rapidement tous les ingrédients jusqu'à obtenir une pâte homogène et façonner une boule de pâte. Envelopper dans un film alimentaire et laisser reposer 30 minutes au réfrigérateur.

3 Préchauffer le four à 200 °C (chaleur tournante 180 °C). Chemiser une plaque à pâtisserie de papier sulfurisé. Sur un plan de travail enfariné, étaler la pâte au rouleau sur 3 à 4 mm d'épaisseur et découper 40 petits gâteaux ronds à l'emporte-pièce. Les déposer sur la plaque à pâtisserie.

4 Faire cuire au four pendant 8 à 10 minutes. Laisser refroidir sur une grille. Sur la partie inférieure de la moitié des biscuits, étaler une couche de crème à la liqueur d'œuf. Recouvrir avec l'autre moitié. Laisser refroidir pendant 30 minutes.

Amarettini

Pour 75 petits gâteaux

300 g d'amandes en poudre
300 g de sucre
4 blancs d'œufs
1 flacon d'arôme d'amande amère
1 c.s. d'amaretto
5 c.s. de sucre en grains

Temps de préparation :
35 minutes
(Temps de cuisson en sus)

1 Mélanger les amandes et le sucre puis moudre très finement. Battre 3 blancs d'œufs en mousse (pas en neige très ferme). Mélanger l'arôme d'amande amère et l'amaretto à la préparation aux amandes et l'ajouter peu à peu aux blancs d'œufs jusqu'à obtenir une pâte ferme.

2 Préchauffer le four à 150 °C (chaleur tournante 130 °C). Chemiser une plaque à pâtisserie de papier sulfurisé. Avec deux cuillères à café, déposer des petits tas de pâte sur la plaque. Battre le dernier blanc d'œuf et badigeonner les biscuits. Parsemer dessus de sucre en grains. Faire cuire les petits gâteaux au four portion par portion pendant environ 25 minutes.

Biscuits aux épices
et glaçage au vin chaud

Pour 40 petits gâteaux

Pour la pâte
125 g de farine
1 jaune d'œuf
50 g de sucre en poudre
1 pincée de sel
100 g de beurre ramolli
½ c.c. d'épices à spéculoos
½ c.c. de zeste d'un citron non traité
1 c.s. de rhum

Pour le glaçage
120 ml de vin rouge
1 sachet d'épices pour vin chaud
1 morceau de zeste de citron non traité
300 g de sucre glace

Farine pour le plan de travail

Temps de préparation :
45 minutes
(Temps de réfrigération et de cuisson en sus)

1 Tamiser la farine sur le plan de travail et creuser un puits au milieu. Y répartir le jaune d'œuf, le sucre, le sel, le beurre, les épices à spéculoos, le zeste de citron et le rhum.

2 Malaxer rapidement tous les ingrédients avec les doigts froids de préférence jusqu'à obtenir une pâte homogène et former une boule. Envelopper la boule de pâte dans un film alimentaire et laisser reposer pendant 30 minutes au réfrigérateur.

3 Préchauffer le four à 200 °C (chaleur tournante 180 °C). Sur un plan de travail enfariné, étaler la pâte au rouleau sur 3 à 4 mm d'épaisseur. Découper à l'emporte-pièce des formes de biscuits au choix.

4 Déposer les biscuits sur des plaques de pâtisserie chemisées de papier sulfurisé et faire cuire au four pendant 8 à 10 minutes. Laisser refroidir sur une grille.

5 Dans une petite casserole, porter brièvement à ébullition le vin rouge, y ajouter les épices pour vin chaud et le zeste de citron et laisser macérer pendant 10 minutes. Enlever le sachet d'épices et le zeste de citron, verser le sucre glace, délayer jusqu'à obtenir un glaçage épais et napper les biscuits.

Macarons rouges fourrés à la cerise

Pour 25 petits gâteaux

Pour la meringue
90 g d'amandes en poudre
150 g de sucre glace
2 blancs d'œufs (72 g)
1 pincée de sel
20 g de sucre en poudre
Colorant alimentaire en pâte rouge

Pour la garniture
80 g de cerises
2 c.s. de confiture de cerises
1 c.s. de sirop de cerise
2 œufs
100 g de sucre
120 g de beurre froid

Temps de préparation :
40 minutes
(Temps de repos, de cuisson et de réfrigération en sus)

1 Moudre de nouveau les amandes avec le sucre glace. Dans un bol mélangeur, mettre les blancs d'œufs avec le sel et fouetter au batteur électrique jusqu'à obtenir une masse très blanche. Y verser en pluie le sucre en poudre. Continuer à fouetter jusqu'à ce que les cristaux soient dissous et que la préparation soit très ferme. Toujours en fouettant ajouter le colorant alimentaire rouge jusqu'à obtenir la couleur souhaitée. Incorporer en dernier le mélange d'amandes et de sucre en 3 fois à l'aide d'une cuillère en bois.

2 Chemiser deux plaques à pâtisserie de papier sulfurisé. Remplir une poche à douille munie d'un embout lisse avec cette préparation et dresser sur la plaque environ 25 petites touches de pâte d'environ 2 cm de diamètre. Laisser sécher les macarons à l'air pendant 10 à 25 minutes. Dans le meilleur des cas, la surface devient très lisse pendant ce temps et les bulles d'air peuvent s'échapper.

3 Entre-temps préchauffer le four à 150 °C. Faire cuire chaque fournée pendant 12 minutes au dernier cran du four. Sortir les macarons du four, laisser refroidir. Au bout de 2 minutes, retourner délicatement les macarons pour évacuer la vapeur.

4 Pour la garniture, laver, essuyer et dénoyauter les cerises. Réduire en purée lisse avec la confiture de cerises et le sirop de cerise. Dans un bol en acier inoxydable, mélanger les œufs et le sucre jusqu'à ce que le mélange devienne mousseux et que la masse soit claire et volumineuse. Mettre au bain-marie chaud et incorporer peu à peu le mélange aux cerises. Fouetter le mélange jusqu'à ce qu'il épaississe. Retirer du bain-marie, verser la masse dans un récipient plat et recouvrir immédiatement d'un film alimentaire. Mettre au frais pendant environ 30 minutes.

5 Verser la masse dans un bol mélangeur et fouetter en ajoutant le beurre froid coupé en petits morceaux jusqu'à obtenir une préparation homogène. Remplir une poche à douille et appliquer une couche de crème sur la partie inférieure de la moitié des macarons. Recouvrir avec les autres macarons en appuyant légèrement.

Spirales aux abricots

Pour 40 petits gâteaux

Pour la pâte
125 g de farine
1 jaune d'œuf
50 g de sucre en poudre
1 pincée de sel
100 g de beurre ramolli
Graines d'1 gousse de vanille

Pour la garniture
75 g d'abricots secs
4 cl d'eau-de-vie d'abricot
200 g de confiture d'abricots

Farine pour le plan de travail

Temps de préparation :
40 minutes
(Temps de réfrigération
et de cuisson en sus)

1 Pétrir rapidement tous les ingrédients pour la pâte jusqu'à obtenir une pâte homogène et former une boule. Envelopper la boule de pâte dans un film alimentaire et laisser reposer pendant 30 minutes au réfrigérateur.

2 Préchauffer le four à 200 °C (chaleur tournante 180 °C). Sur un plan de travail légèrement enfariné, étaler la pâte en un rectangle d'environ 28 cm de long sur environ 3 mm d'épaisseur.

3 Hacher très finement les abricots. Mélanger avec l'eau-de-vie d'abricot et laisser macérer pendant 10 minutes. Laisser égoutter en recueillant l'eau-de-vie et mélanger avec la confiture d'abricots. Étaler la confiture sur la pâte et parsemer d'abricots hachés. Rouler la pâte étroitement dans le sens de la longueur, envelopper dans un film alimentaire et laisser réfrigérer pendant 2 heures jusqu'à ce que la pâte soit ferme.

4 À l'aide d'un couteau aiguisé, couper le rouleau de pâte en tranches d'environ 7 mm d'épaisseur. Déposer les spirales sur des plaques à pâtisserie chemisées de papier sulfurisé et faire cuire au four pendant 10 à 12 minutes jusqu'à ce qu'elles soient dorées. Laisser refroidir sur une grille.

Spirales café-cacao

Pour 60 petits gâteaux

300 g de farine
1 c.c. de levure chimique
150 g de sucre glace
1 sachet de sucre vanillé
Zeste râpé d'1 citron non traité
1 pincée de sel
1 œuf
175 g de beurre
2 c.c. de café soluble
2 c.c. de cacao en poudre
1 c.s. de lait

Temps de préparation :
40 minutes
(Temps de réfrigération et de cuisson en sus)

1 Dans une terrine, tamiser la farine, la levure chimique et le sucre glace. Incorporer le sucre vanillé, le zeste de citron, le sel et l'œuf. Répartir dessus le beurre en flocons et pétrir l'ensemble rapidement.

2 Partager la pâte en deux. Délayer le café en poudre avec le cacao en poudre dans le lait et mélanger à la moitié de la pâte. Envelopper les deux pâtes dans un film alimentaire mettre au frais pendant 1 heure.

3 Étaler les deux pâtes pour obtenir respectivement un rectangle d'environ 30 x 25 cm. Superposer les pâtes, bien presser et les enrouler du côté le plus large. Mettre le rouleau de pâte de nouveau au frais pendant 30 minutes.

4 Préchauffer le four à 175 °C (chaleur tournante 155 °C). Chemiser la ou les plaque(s) à pâtisserie de papier sulfurisé. Couper la pâte en tranches de 5 mm d'épaisseur, les déposer sur la plaque et faire cuire au four pendant environ 15 minutes.

Tartelettes aux pommes rôties

Pour 40 petits gâteaux

Pour la pâte

125 g de farine, 1 jaune d'œuf
50 g de sucre en poudre, sel
100 g de beurre ramolli
1 pincée de safran moulu

Pour la garniture

140 g de pommes
60 g de pâte d'amandes crue
30 g de sucre candi de Cologne (cristaux bruns)
Zeste râpé d'une demi-orange non traitée
30 g d'amandes effilées
30 g de raisins de Corinthe
¼ c.c. de cannelle en poudre
3 c.s. de rhum

1 jaune d'œuf, 2 c.s. de lait
1 c.s. de sucre candi de Cologne (cristaux bruns)
Farine pour le plan de travail

Temps de préparation : 35 minutes (Temps de réfrigération et de cuisson en sus)

1 Tamiser la farine sur le plan de travail et creuser un puits au milieu. Y répartir dedans le jaune d'œuf, le sucre, une pincée de sel, le beurre en petits morceaux et le safran. Pétrir rapidement tous les ingrédients jusqu'à obtenir une pâte homogène et former une boule. Envelopper la boule de pâte dans un film alimentaire et laisser reposer pendant environ 30 minutes au réfrigérateur.

2 Préchauffer le four à 180 °C (chaleur tournante 160 °C). Chemiser une plaque de papier sulfurisé. Sur un plan de travail légèrement enfariné, étaler la pâte au rouleau sur 3 à 4 mm d'épaisseur et découper des petits gâteaux ronds à l'emporte-pièce. Les déposer sur la plaque à pâtisserie.

3 Laver les pommes, les couper en quartier et en petits morceaux. Hacher la pâte d'amandes. Mélanger soigneusement les deux avec les cristaux de sucre candi, le zeste d'orange, les amandes effilées, les raisins de Corinthe, la cannelle et le rhum.

4 Battre le jaune d'œuf avec le lait, badigeonner les petits gâteaux et y répartir dessus la préparation aux pommes à l'aide de deux cuillères à café. Faire cuire au four pendant 12 à 15 minutes, parsemer immédiatement de petits cristaux de sucre candi et laisser refroidir ensuite sur une grille.

Demi-lunes orientales
au chocolat blanc

Pour 100 petits gâteaux

500 g de farine
1 c.c. de levure chimique
250 g de sucre glace
1 pointe de couteau de sel
1 pointe de couteau de cannelle
½ c.c. de cardamome en poudre
1 pointe de couteau de fleur de muscade en poudre
1 pointe de couteau de clous de girofle en poudre
2 œufs
250 g de beurre
200 g d'amandes hachées
200 g de chocolat de couverture blanc

Farine pour le plan de travail

Temps de préparation : 40 minutes
(Temps de réfrigération et de cuisson en sus)

1 Dans un bol mélangeur, tamiser la farine avec la levure chimique. Y ajouter le sucre glace tamisé, le sel, la cannelle, la cardamome, la fleur de muscade, les clous de girofle et les œufs. Couper le beurre en morceaux et l'incorporer avec les amandes hachées.

2 Pétrir les ingrédients au batteur électrique (crochet pétrisseur). Travailler encore la pâte sur un plan de travail enfariné jusqu'à obtenir une pâte lisse. Mettre la pâte au frais pendant environ 30 minutes.

3 Préchauffer le four à 180 °C (chaleur tournante 160 °C). Étaler la pâte au rouleau sur environ ½ cm d'épaisseur, découper des demi-lunes à l'emporte-pièce et les déposer sur des plaques à pâtisserie chemisées de papier sulfurisé. Faire cuire au four à mi-hauteur pendant environ 10 minutes. Laisser refroidir.

4 Pour le glaçage, concasser le chocolat de couverture, faire fondre au bain-marie chaud et y tremper les extrémités des demi-lunes.

Shortbread écossais

Pour 16 petits gâteaux

180 g de farine
50 g de fécule
80 g de sucre
180 g de beurre

Sucre pour saupoudrer

Temps de préparation :
20 minutes
(Temps de cuisson en sus)

1 Dans une terrine, tamiser la farine et la fécule. Mélanger avec la moitié du sucre. Couper le beurre en petits morceaux et du bout des doigts émietter le beurre dans la farine jusqu'à obtenir des miettes de pâte. Ajouter le restant de sucre et pétrir l'ensemble jusqu'à obtenir une pâte lisse.

2 Préchauffer le four à 160 °C (chaleur tournante 140 °C). Sur une plaque à pâtisserie chemisée de papier sulfurisé, former avec les mains un cercle d'environ ½ cm d'épaisseur. Pincer le bord de la pâte entre le pouce et l'index pour l'enjoliver. Piquer légèrement la surface de la pâte avec une fourchette et à l'aide d'un couteau aiguisé, scarifier la pâte en 16 morceaux.

3 Saupoudrer le shortbread de sucre. Faire cuire au four à mi-hauteur pendant environ 35 minutes. Laisser refroidir et couper les 16 morceaux.

Amaretti au chocolat

Pour 30 petits gâteaux

50 g de chocolat noir amer
200 g d'amandes en poudre
125 g de sucre
1 c.c. de sucre vanillé
2 blancs d'œuf
1 pincée de sel
3 gouttes d'arôme d'amande amère

Sucre glace pour saupoudrer

Temps de préparation : 30 minutes
(Temps de cuisson en sus)

1 Râper finement le chocolat et le mettre dans une terrine avec les amandes, le sucre et le sucre vanillé.

2 Battre les blancs en neige ferme avec le sel et avec l'arôme d'amande amère, l'ajouter aux autres ingrédients. Travailler le tout jusqu'à obtenir une pâte ferme. Préchauffer le four à 175 °C (chaleur tournante 155 °C).

3 À l'aide de deux cuillères à café déposer des petits tas de pâte au rouleau sur une plaque à pâtisserie chemisée de papier sulfurisé. Faire cuire au four pendant environ 10 minutes. Laisser refroidir sur une grille et saupoudrer de sucre glace.

Index des recettes

Crédits photographiques

Food Fotografie Michael Brauner : p. 119, 126, 131, 229

Studio Klaus Arras : p. 59, 132, 215

TLC Fotostudio : toutes les autres photos